本书获西安财经大学学术著作出版和陕西省哲学社会科学重点研究基地
——西部能源经济与区域发展协同创新研究中心出版基金资助

劳动力工资扭曲与企业创新研究

顾冉◎著

中国社会科学出版社

图书在版编目（CIP）数据

劳动力工资扭曲与企业创新研究/顾冉著 . —北京：中国
社会科学出版社，2022.7
ISBN 978-7-5227-0461-6

Ⅰ.①劳⋯ Ⅱ.①顾⋯ Ⅲ.①劳动力—工资—影响—
制造工业—企业创新—研究—中国 Ⅳ.①F426.4

中国版本图书馆 CIP 数据核字（2022）第 118049 号

出 版 人	赵剑英
责任编辑	戴玉龙
责任校对	杨新安
责任印制	王 超

出 版	中国社会科学出版社
社 址	北京鼓楼西大街甲 158 号
邮 编	100720
网 址	http：//www.csspw.cn
发 行 部	010-84083685
门 市 部	010-84029450
经 销	新华书店及其他书店
印 刷	北京明恒达印务有限公司
装 订	廊坊市广阳区广增装订厂
版 次	2022 年 7 月第 1 版
印 次	2022 年 7 月第 1 次印刷
开 本	710×1000 1/16
印 张	12.75
插 页	2
字 数	181 千字
定 价	98.00 元

前　言

改革开放以来，中国经济的高速发展很大程度上得益于充裕劳动力供给带来的人口红利，以及大规模城乡劳动力流动产生的配置红利。但伴随人口转型带来的劳动力短缺凸显，以及中国经济由高速增长阶段转向高质量发展阶段，中国以劳动密集型为主的制造业将面临严峻的挑战，亟须通过创新寻求新的发展动力源泉。近年来，在"创新驱动发展战略"的引领下，企业作为创新主体，其自主创新能力得到了较大提升，但整体上仍面临创新动力不足、关键核心技术短板突出等亟待解决的现实困境，企业创新能力严重滞后于经济发展的现实需求。在当前中国劳动力资源供给格局以及世界经济形势发生复杂深刻变化的背景下，系统考察劳动力工资扭曲对企业创新的影响，有助于深入揭示有效转换经济动能背后企业创新形成的条件及其微观作用机制，明确劳动力工资扭曲影响企业创新背后的深层次原因。

本书从中国劳动力工资向下扭曲的特征事实出发，对劳动力工资扭曲如何影响企业创新这一问题进行系统的理论与实证研究。在梳理、回顾劳动力工资扭曲与企业创新相关理论与文献的基础上，构建劳动力工资扭曲影响企业创新的理论机制，提出扭曲收益、人力资本、消费需求三条理论传导机制。基于中国工业企业数据、中国家庭追踪调查数据，分别采用生产函数法和随机前沿分析法对微观企业和个体劳动力的工资扭曲程度进行测度分析，在此基础上实证探究企业层面工资扭曲对企业创新的影响，检验工资扭曲影响企业创新的三条作用机制，分所有制类型、分要素密集度考察工资扭曲对企业创新的异质性影响及其成因。结合研究结果与中国实际，探寻完善劳动要素市场化配置机制、提高企业自主创新能力以及推进中国经济高质量发展的路径和政策方向。本书主要研究结论如下。

第一，中国劳动力市场发育程度相对滞后，存在工资向下扭曲的显著特征。在制造业微观企业层面，近80%的企业存在平均工资水平低于劳动力边际产出的现象，即使考虑到企业劳动报酬数据可能被低估，采用宏观投入产出表对微观企业劳动报酬进行校对后，样本平均工资扭曲程度仍高达2.72，即企业劳动力边际产出达到工资水平的2.72倍。分年份测度结果表明，1999—2013年（除2009年、2010年）期间，劳动力工资扭曲呈现先增后降的变化趋势，2008年之后工资扭曲程度得以缓解。在个体劳动力层面，本书以不同人力资本投入的工资可能性边界作为个体劳动生产率的衡量指标。2014年和2016年个体劳动力工资扭曲均值分别为1.75和1.48，高人力资本劳动力工资扭曲程度更低，婚姻对于男性具有缓解工资扭曲的积极作用，但已婚女性在劳动力市场上更难获得与劳动生产率相匹配的报酬水平。

第二，制造业企业劳动力工资扭曲对企业创新具有显著的抑制作用。工资低于劳动力边际产出程度的扩大，将显著降低企业的新产品生产概率、新产品产值、新产品比重。为减少企业创新利润对工资扭曲反向影响产生的估计偏误，选取Lewbel（1997）方法设计工资扭曲的内部工具变量，工资扭曲对企业创新的抑制作用在一系列内生性和稳健性检验后仍显著成立。

第三，劳动力工资扭曲主要通过扭曲收益机制、人力资本机制、消费需求机制三条作用机制实现对企业创新的影响，三者共同解释了工资扭曲对企业创新抑制效应的94.03%，其中扭曲收益机制是发挥主导作用的中介机制。（1）劳动力工资扭曲导致价格信号与真实的禀赋条件错位，阻碍要素资源结构变动对企业创新的自发促进效应，同时扭曲收益带来的低成本优势削弱企业家创新动力，扭曲收益机制解释了工资扭曲对企业创新抑制作用的 46.27%。（2）劳动力工资扭曲减弱企业对员工的培训激励，同时造成高人力资本流失问题，在工资扭曲对企业创新的总效应中，有 19.40% 是通过人力资本机制实现的。（3）工资扭曲相对而言降低居民可支配收入，减少居民消费支出，造成需求规模和需求层次整体偏低，消费需求机制对工资扭曲的创新抑制作用的相对贡献度为 28.36%。

第四，劳动力工资扭曲对企业创新的影响在不同所有制类型企业、不同要素密集型行业企业之间具有显著的差异性。（1）劳动力工资扭曲主要抑制民营企业的创新活动，对国有企业和外资企业创新无显著影响。（2）劳动力工资扭曲主要抑制劳动密集型和技术密集型行业企业的创新活动，对资本密集型行业无显著影响。

第五，本书蕴含如下政策启示。（1）深化劳动要素市场化改革，发挥市场对劳动力价格的决定性作用，破除阻碍劳动力自由流动的体制机制障碍，消除劳动力工资扭曲。（2）强化企业的创新主体地位，推进国有企业改革，形成各类企业平等竞争的外部环境，激发企业创新活力。（3）加快人力资本积累，改善人力资本结构，建立创新人才激励机制，提升企业创新能力。（4）改善收入分配结构，加大减税降费力度，提高居民可支配收入，激发消费潜力，增加企业创新需求。

目　录

第一章　绪论

第一节　研究背景

　　伴随经济由高速增长转向高质量发展阶段，要素市场价格机制在推动企业创新方面发挥越来越重要的作用。中国制造业长期处于全球价值链的中低端，以劳动密集型为主，劳动力价格信号是引导制造业技术变迁的重要依据（都阳，2013）。劳动力价格变动诱致企业创新的前提是价格能够灵活反映劳动要素的稀缺性，但中国要素市场改革相对滞后，劳动力工资扭曲是经济发展过程中不能回避的突出问题。完全竞争市场上劳动力按照贡献获得报酬，价格变动传递劳动力供求关系的正确信号，但现实中，依赖要素投入的传统增长模式、户籍制度、社会保障制度等诸多因素，使劳动力资源的自由流动受到制约，形成中国劳动力市场劳动报酬低于劳动生产率、工资向下扭曲的典型事实（施炳展、冼国明，2012；王宁、史晋川，2015）。

　　工业化发展早期，扭曲劳动力价格是促进工业发展的次优选择（张军、王永钦，2019），改革开放以来中国经济的高速发展在很大程度上得益于丰富廉价的劳动力资源带来的人口红利。当前人口转型导致劳动力短缺凸显，15岁至64岁劳动年龄人口占总人口比重在2010年达到最高点74.50%，劳动年龄人口绝对数量在2013年达到峰值100582万人，中国已从劳动力无限供给的阶段逐渐转向劳动力资源相对稀缺的阶段，劳动力工资扭曲的成本越来越明显，加剧城乡、行业、企业间的收入不平等（Whalley、Zhang，2007；孙宁华等，2009），造成劳动力资源配置效率损失近 19.53%（盖庆恩等，2013），不利于经济持续、高质量发展。党的十九大报告明确将要素市场化配置作为经济体制改革的重点任务之一，党的十九届四中全会再次强调，健全生产要素由市场评价贡献、按贡献决定报酬的机制。

党的十八大以来，国家高度重视科技创新，将创新摆在发展全局的核心位置，在创新驱动发展战略的引领下，微观企业作为创新活动的主体，其自主创新能力得到了较大提升。2011—2017 年间，规模以上工业企业中有 R&D 活动的企业占比从 11.50% 持续攀升至 27.40%，专利申请数量从 38.61 万件增长至 81.70 万件，新产品销售收入从 10.06 万亿元提高到 19.16 万亿元。2017 年中国 R&D 经费内部支出占 GDP 的比重为 2.13%，但韩国、瑞典等研发投入强度较高的国家 2016 年的这一比值已分别达到 4.23% 和 3.25%。结合近年来逆全球化和贸易保护主义趋势，总体上中国工业企业创新面临创新投入较少、创新动力不足、关键核心技术短板突出等现实困境。

劳动力兼具生产要素、创新要素和消费群体属性，劳动力工资扭曲将严重影响制造业企业创新。劳动力工资扭曲意味着价格信号无法准确传递真实的劳动要素稀缺性，阻碍价格机制对劳动力资源的配置功能，必然影响微观企业的要素投入、创新动力以及职工培训激励等（Jones，2011；张杰等，2011；戴魁早，2019）。劳动报酬低于劳动贡献的工资向下扭曲，导致劳动收入份额持续偏低、不同社会群体间收入分配失衡，造成国内消费低迷的直接后果，以致企业创新的消费驱动力明显不足。

在当前中国人口结构转型、经济发展方式转变以及全球经济下行压力增大三重叠加的背景下，中国制造业企业面临严峻挑战，亟须通过创新寻求新的发展动力源泉，但企业创新能力严重滞后于经济发展的现实需求。合理测度劳动市场的工资扭曲程度，系统考察工资扭曲对企业创新的影响，探究工资扭曲影响企业创新的作用机制，讨论不同特征企业中工资扭曲对企业创新的差异化影响及其原因，是非常必要和迫切的研究课题，对于揭示有效转换经济动能背后企业创新形成的条件及其微观机制，激发企业创新动力、提升自主创新能力具有重要意义。

第二节　研究问题与意义

一　研究问题

本书结合微观企业现实背景和相关研究现状，旨在对劳动力工资扭曲如何影响企业创新这一问题进行系统的理论与实证分析，构建工资扭曲影响企业创新的理论机制，对工资扭曲对企业创新的影响及其作用机制进行实证检验。拟解决以下四个方面的关键问题。

（1）中国劳动力市场的工资扭曲程度如何？在微观企业和个体劳动力层面的分布有何特征？大量研究表明中国劳动力市场发育相对滞后，存在制约劳动要素自由流动的诸多历史原因、制度原因和市场原因，但针对劳动力工资扭曲的定量测度研究尚未充分回答中国劳动力市场工资扭曲程度究竟如何的问题。因此，本书关注的基础性测度问题为：整体而言，劳动力工资与边际产出的差距达到何种程度？伴随时间推进工资扭曲出现何种变化趋势？工资扭曲在不同所有制类型企业、不同要素密集型行业之间的分布呈现什么特征？放松劳动力同质性的假设，伴随个体特征变化工资扭曲具有什么变动规律？

（2）劳动力工资扭曲对企业创新产生何种影响？是否抑制了企业创新？要素市场扭曲与企业创新的关系一直是学术界研究的重点问题，尤其是当前人口转型带来劳动力供求格局的巨大变化，关于劳动力工资与边际产出相对关系给微观企业创新活动带来的影响的讨论日益高涨。完全竞争的劳动力市场，劳动力在地区、行业、部门之间自由流动，按照边际产出获得报酬，劳动力价格变动反映劳动要素相对丰裕程度的变动。在扭曲状态下，劳动力价格与边际产出发生偏离，扭曲的价格信号无法有效引导企业调整要素投入和技术结构，劳动报酬低于劳动贡献的工资扭曲还将直接导致劳动力可支配收入相对减少。从另一个角度来看，工资扭曲意味着企业支付的劳动力成本低于劳动产出，由此获得的"扭曲租金"是否增加企业的创新投资？在上述作用力的共同影响下，劳动力工资扭曲对企业创新产生何种影响？

（3）如果劳动力工资扭曲对企业创新具有显著影响，那么是通过哪些传导机制实现的？什么因素主导了工资扭曲对企业创新的作用？深入探讨劳动力工资扭曲对企业创新的作用机制，需要全面系统归纳、借鉴相关理论与文献，细致分析企业和劳动力两类主体对工资扭曲的反应，二者如何调整其经济行为。揭示劳动力工资扭曲影响企业创新的微观作用机制，是本书力图回答的重要科学问题之一。

（4）劳动力工资扭曲对企业创新的影响在不同所有制类型、不同要素密集型行业之间是否存在差异？原因何在？微观企业工资扭曲程度和创新行为决策过程，都会受到企业制度环境、要素投入结构的影响，将研究视角深入到企业内部特征；从所有制类型、要素密集度方面考察工资扭曲对企业创新的差异化影响具有重要意义。本书将细致探讨工资扭曲对不同所有制类型、不同要素密集型行业企业创新行为的异质性作用及其内在原因。

二 研究意义

1. 理论意义

第一，近年来，关于要素市场发育程度与企业创新活动的研究取得巨大进展，逐步得到地区要素市场扭曲抑制企业创新的共识，但集中探讨劳动力工资扭曲对企业创新影响的文献还比较少，缺乏从劳动力市场扭曲角度对制造业企业创新不足的深入解读。本书立足于经济转型时期的现实背景，对劳动力工资扭曲与企业创新关系的系统研究，丰富和补充现有文献，加深对转型经济体一般性的要素市场价格机制与创新关系的认识和理解。

第二，本书从理论和实证方面识别出劳动力工资扭曲影响企业创新的具体机制，即劳动力工资扭曲通过扭曲收益、人力资本、消费需求三条机制对企业创新产生负向影响，对于揭示工资扭曲与企业创新行为的内部联系具有重要的理论价值。

2. 现实意义

第一，从微观企业和个体劳动力两个层面量化评估劳动力工资扭曲程度，为矫正劳动力市场扭曲夯实基础性工作，也将对深化劳动要素市场化改革有所贡献。

第二，在高端制造业向发达国家回流、中低端制造业流向其他发展中国家的现实背景下，系统考察劳动力工资扭曲对企业创新的影响与作用机制，明确工资扭曲影响企业创新背后的深层次原因，对通过相关政策制定与制度创新有效激发企业创新活力，实施创新驱动发展战略具有重要现实意义。

第三，细致探讨劳动力工资扭曲对不同所有制类型、不同要素密集型行业企业创新活动的异质性作用，并深入分析造成差异化影响的内在原因，对于完善要素市场化配置机制、因企施策激励企业自主创新以及推进中国经济高质量发展具有重大意义。

第三节　研究内容

本书主要内容包括理论分析、现状分析、测度分析、实证分析和对策分析五个部分。

一　理论分析

1. 文献回顾

本书第二章为文献综述，首先，从内涵、测度、形成原因、经济效应四个方面对劳动力工资扭曲相关研究脉络进行系统性梳理。其次，界定企业创新内涵，归纳企业创新的测量方法，对企业创新影响因素的相关研究进行回顾与总结。再次，针对劳动力工资扭曲如何影响企业创新这一问题，从劳动力成本与企业创新、要素市场扭曲与企业创新以及工资扭曲对企业创新影响的直接研究等角度梳理文献脉络。最后，通过对现有文献进行比较分析、述评，发现劳动力工资扭曲与企业创新研究领域的有待完善之处，明确本书研究的重点内容。

2. 理论构建

本书第三章为劳动力工资扭曲对企业创新作用机制的理论分析，结合技术推力、需求拉力、诱致性技术变迁、企业家精神等技术创新驱动理论以及新增长理论、人力资本理论等经典理论与文献，构建劳动力工资扭曲影响企业创新的理论机制，提出工资扭曲影响企业创新的扭曲收益机制、人力资本机制、消费需求机制三条理论传导机制，对应三个逻辑链条：工资扭曲→扭曲收益→企业创新；工资扭曲→人力资本→企业创新；工资扭曲→消费需求→企业创新。最后对理论机制进行综合分析，为本书研究奠定理论基础。

二 现状分析

为全面理解中国劳动力工资扭曲和企业创新的背景与现状，第四章进行中国劳动力市场与企业创新的现实考察，主要利用宏观统计数据考察现实基础。首先，对中国劳动力市场制度背景加以分析，梳理总结劳动力市场发展历程。其次，从劳动力资源状况、城乡收入差距、行业工资差距、所有制工资差距四个方面对中国劳动力市场现状进行统计分析。最后，为清楚认识中国企业创新的现状，从企业创新意识、创新投入、创新产出三个方面对企业创新的状况、特征及存在问题进行详细分析。

三 测度分析

本书第五章为中国劳动力工资扭曲的测度与结果分析，从微观企业和个体劳动力两个层面，客观评估中国劳动力工资扭曲程度和特征。在微观企业层面，采用中国工业企业数据，借助 OP 方法估计制造业细分行业的劳动产出弹性，利用生产函数法测度企业层面的工资扭曲程度，对企业工资扭曲的变动趋势以及不同特征企业的工资扭曲分布状况进行详尽分析。在个体劳动力层面，基于随机前沿分析方法，采用劳动力工资可能性边界衡量个体劳动生产率，进而考察不同特征劳动力的工资扭曲状况。

四　实证分析

1. 劳动力工资扭曲对企业创新影响的实证分析

本书第六章从微观企业层面实证考察劳动力工资扭曲对企业创新的影响，考虑企业创新活动可能对工资扭曲程度产生反向作用，在基准回归结果分析基础上，采用工具变量法缓解内生性问题，并通过设定不同生产函数、替换工资扭曲指标、考虑零值偏误、考察工资向上扭曲情况等一系列稳健性检验，为建立劳动力工资扭曲与企业创新的因果关系提供有力的经验证据。

2. 劳动力工资扭曲对企业创新作用机制的实证分析

本书第七章对第三章的理论机制分析进行详尽的实证检验，首先，设定中介效应回归模型，确定中介效应显著性的检验和判断方法；其次，分别检验扭曲收益、人力资本、消费需求三条理论传导机制的显著性；最后，对工资扭曲影响企业创新的作用机制进行总体中介效应分析，并量化传导机制的相对贡献度，甄别何种因素主导劳动力工资扭曲对企业创新的影响作用

3. 劳动力工资扭曲对企业创新异质性影响的实证分析

本书第八章首先从所有制类型视角实证检验劳动力工资扭曲对企业创新影响的差异性，并从劳动力价格敏感性、工资扭曲影响企业创新作用机制两个方面分析不同所有制类型企业工资扭曲对企业创新差异化影响的原因；其次从行业要素密集度视角实证考察劳动力工资扭曲对企业创新影响的差异性，并从要素投入结构、创新需求两个方面分析不同要素密集型行业中工资扭曲对企业创新差异化影响的原因。

五　对策分析

本书第九章总结全书研究结论，提出关于矫正劳动力工资扭曲、激发企业创新活力、提升企业创新能力、增加企业创新需求的针对性对策建议。研究框架如图1-1。

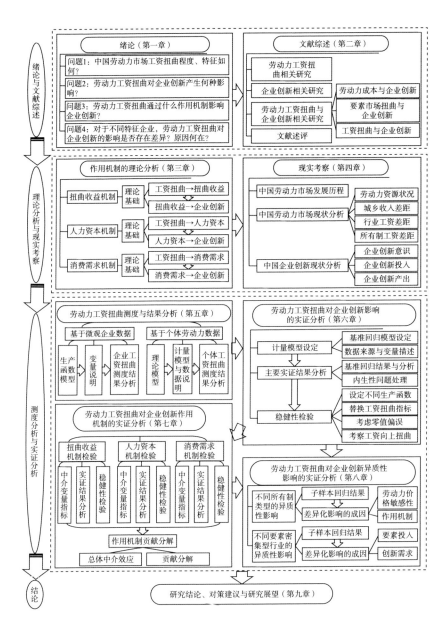

图 1-1　研究框架

第四节　研究思路与方法

一　研究思路

本书研究思路为：提出研究问题→理论分析→现状分析→测度分析→实证分析→对策分析。首先，基于中国劳动力市场发育程度滞后与微观企业创新不足的重要现实背景，提出本书四个主要研究问题：中国劳动力工资扭曲程度和特征如何；工资扭曲对企业创新产生何种影响；工资扭曲通过哪些传导机制影响企业创新；工资扭曲对企业创新的影响在不同所有制类型企业、不同要素密集型行业中是否存在差异。其次，对劳动力工资扭曲和企业创新相关研究进行梳理和归纳，构建劳动力工资扭曲影响企业创新的理论机制，为实证分析奠定理论基础。再次，借助中国宏观统计数据，考察中国劳动力市场与企业创新的现实情况，以期清晰把握本书研究的制度背景和现实特征。然后，从企业和劳动力两个层面测度分析中国劳动力工资扭曲程度和特征，在此基础上，采用计量经济学方法对劳动力工资扭曲与企业创新的关系、工资扭曲影响企业创新的作用机制、工资扭曲对企业创新的异质性影响及其原因进行实证检验和分析，科学回答本书的主要研究问题。最后，总结上述研究结论，提出矫正劳动力市场扭曲、激励企业自主创新的对策建议。

二　研究方法

为科学解答主要研究问题，全面系统研究劳动力工资扭曲对企业创新的影响及其作用机制，本书采用多种研究方法，提高研究结论的可靠性。研究方法如下。

（1）规范分析与实证分析相结合

本书第二章对劳动力工资扭曲与企业创新相关研究成果进行梳理和归纳，在此基础上，第三章借鉴技术推力、需求拉力、诱致性技术创新、企业家精神等技术创新驱动理论以及人力资本理论、新增长理论等，通过逻辑推演对劳动力工资扭曲影响企业创新的作用机制进行规范分析，提出扭曲收益、人力资本、消费需求三条具体的理论机制。本书第六章、第七章、第八章借助中国工业企业数据，对上述理论机制进行实证检验，力求规范分析与实证分析相互结合，增强研究结论的稳健性和可信度。

（2）定性分析与定量分析相结合

本书第四章基于对中国劳动力市场的现实观察和对相关资料的整理，定性分析劳动力市场发展历程，同时采用宏观统计数据，从劳动力资源状况、城乡收入差距、行业工资差距、所有制工资差距方面定量分析劳动力市场的总体现状和特征，从企业创新意识、创新投入、创新产出方面对企业创新的现状和特征进行定量分析。本书第二章基于对中国劳动力工资扭曲相关测度结果的比较分析得出工资向下扭曲的初步判断，第五章借助中国工业企业数据和中国家庭追踪调查数据，从企业和劳动力个体层面定量测度劳动力工资扭曲程度。

（3）计量经济学研究方法

本书第五章，运用 OP 方法估计制造业细分行业劳动力产出弹性系数，由此测算企业层面劳动力平均边际产出，测度微观企业层面的工资扭曲程度；运用随机前沿分析方法（SFA）以劳动力工资可能性边界衡量其边际产出，从劳动力个体层面测度分析工资扭曲程度和特征。第六章运用面板固定效应、面板 Probit、工具变量法、零膨胀泊松分布（ZIP）等计量方法实证检验劳动力工资扭曲对企业创新的影响。第七章运用中介效应分析方法实证检验劳动力工资扭曲影响企业创新的作用机制。本书第八章运用第六章、第七章的计量方法考察不同所有制企业、不同要素密集型行业企业劳动力工资扭曲对企业创新的差异性影响及原因。

（4）比较分析法

本书第四章第二节对城乡、行业、所有制单位之间的收入进行比较分析，第三节对世界范围内的研发投入强度进行比较分析，对发明、实用新型、外观设计三类专利授权量进行比较分析，对新产品开发经费与新产品销售收入进行比较分析。论文第五章基于企业和个体劳动力两个层面测算劳动力工资扭曲程度，对比工资扭曲在企业之间、不同劳动力群体之间的分布特征。第七章实证检验劳动力工资扭曲影响企业创新的作用机制，通过对比总体中介效应回归结果，分解出不同机制在工资扭曲对企业创新影响中的相对贡献度。第八章分别对比不同所有制企业、不同要素密集型行业企业中，劳动力工资扭曲对企业创新影响的差异。

第五节 主要创新点

本书研究的主要创新点如下。

第一，从微观企业和劳动力个体层面测度分析中国劳动力市场工资扭曲，多层面、多方法的测度结果在工资扭曲方向、扭曲程度、变动趋势方面相互印证和补充，为全局性把握劳动力工资扭曲的真实状况、深化劳动要素市场化改革提供更明确、更可靠的数据支撑，丰富和拓展劳动力工资扭曲的测度研究。

现有测度中国劳动力工资扭曲程度的研究绝大部分得到工资向下扭曲的结论，但扭曲值相差较大，还有极少数文献认为工资水平高于边际产出。通过文献梳理和对比分析，发现造成结果差异的主要原因在于测度模型以及主要变量指标的统计口径，因此选取合理的数据和与之匹配的适宜方法严谨测度劳动力工资扭曲程度是非常重要的。本书基于中国工业企业数据（1999—2013年）采用生产函数法测度微观企业工资扭曲，基于中国家庭追踪调查数据（2014年、2016年）采用随机前沿分析方法测度劳动力个体工资扭曲，全面把握工资扭曲程度及分布特征，同时不同数据层面的测度结果相互之间提供了稳健性证据，有助于客观、系统评估中国劳动力市场工资扭曲，为推动劳动要素市场化改革夯实基础性工作。

第二，将研究视角细化到普遍存在的微观企业工资扭曲，从企业工资水平与劳动生产率的相对关系角度解读中国制造业企业创新不足的成因。采用多种计量方法实证探明工资扭曲对企业创新的显著抑制作用，揭示了市场机制下的劳动力价格信号是诱发企业创新的重要动因。

尽管基于企业数据测算劳动力工资扭曲的方法已相对成熟，但目前研究要素市场扭曲与创新关系的文献大多采用省级要素市场扭曲指标，鲜有文献关注企业工资扭曲对企业创新的影响，忽略了同一地区内企业间的扭曲差异，同时在劳动力资源从无限供给转向相对稀缺的背景下，对劳动力工资扭曲的关注和研究明显不足。另一类考察劳动力成本上升对企业创新影响的文献，忽略了工资水平与劳动力边际产出存在偏差这一事实，没有考虑劳动生产率变动的影响，究竟劳动生产率提高促进企业创新还是工资与生产率相对关系变动的作用尚无定论。本书实证考察了企业工资扭曲对企业创新的影响，将研究视角聚焦在企业工资水平与劳动生产率的相对关系上，选取 Lewbel（1997）方法设计工资扭曲的内部工具变量，减少企业创新利润对工资扭曲反向影响产生的估计偏误，实证发现工资低于劳动力边际产出的程度扩大对企业创新具有显著抑制作用，并从劳动报酬与劳动贡献平衡的角度检验工资上涨的合理区间，是对现有研究的有益补充。

第三，通过逻辑推演构建劳动力工资扭曲影响企业创新的理论机制，借助中介效应模型对扭曲收益、人力资本、消费需求三条理论传导机制进行实证检验，首次明确劳动力工资扭曲抑制企业创新背后的微观机制，为通过相关政策的制定有效激发企业创新活力提供实证依据。

既有文献关注要素市场扭曲对企业创新的影响程度，而对作用机制的实证检验付之阙如。本书借鉴技术推力、需求拉力、诱致性技术创新、企业家精神等技术创新驱动理论以及人力资本理论、新增长理论等经典理论与文献，对劳动力工资扭曲影响企业创新的微观机理进行深入剖析。采用中介效应逐步回归模型对扭曲收益机制、人力资本机制、消费需求机制进行实证检验，采用总体中介效应模型量化三条作用机制的相对贡献度，发现扭曲收益机制在工资扭曲对企业创新的抑制效应中发挥主导作用，为劳动力工资扭曲对企业创新作用机制的有效性提供了最直接的经验证据，为精准化、精细化、多渠道发力增强微观企业创新动力和创新能力提供重要的政策方向。

第二章　相关理论与研究综述

扭曲理论起源于20世纪50年代，在此基础上要素价格扭曲的国内外研究成果不断丰富，研究视角逐渐细化，对劳动力工资扭曲的关注成为要素价格扭曲领域的重要部分。本章围绕劳动力工资扭曲与企业创新的关系，首先，系统梳理劳动力工资扭曲的内涵、测度、形成原因及经济效应；其次，从企业创新的内涵、测量方法、影响因素三个方面回顾企业创新的研究脉络；再次，针对劳动力工资扭曲如何影响企业创新这一问题，从劳动力成本与企业创新、要素市场扭曲与企业创新以及工资扭曲对企业创新影响的直接研究等角度进行文献梳理；最后，对现有研究进行述评，明确本书研究方向。

第一节　劳动力工资扭曲相关研究

一　劳动力工资扭曲的内涵

扭曲被定义为经济活动对资源配置最优状态的偏离。在新古典主义经济理论的理想模型中，市场具有充分的灵活性，通过价格机制自动实现市场出清，然而现实中，信息不完全、外部性和市场势力等因素的存在导致理想状态无法完全实现，由此产生扭曲。Stolper和Samuelson（1941）从长期角度研究国际贸易对收入分配的影响，国际贸易虽然能提高整个国家的福利水平，但并不是对每一个人都有利，出口产品密集使用的生产要素报酬将提高，进口产品密

集使用的生产要素报酬将减少，对一国要素收入分配格局产生实质
性影响。虽然他们没有直接论证要素市场扭曲，但他们基于一般均
衡框架对要素回报的探索性研究为后续要素市场扭曲领域提供了重
要的理论启示。二战后，伴随国际贸易快速发展，关税、福利和最
优政策等引起学者广泛关注，逐渐形成扭曲理论。20 世纪 50 年代，
Meade（1955）、Hagen（1958）开始专门研究扭曲的成因和表现，
这一时期扭曲理论初步发展；60 年代，Fishow 和 David（1961）、
Bhagwati 和 Ramaswami（1963）、Johnson（1966）等研究对扭曲理
论作出贡献；70 年代以后，扭曲理论得到系统的总结和发展，
Bhagwati 和 Srinivasan（1971）明确定义了扭曲及其基本类型，指出
国内生产边际转换率（DRT）、国外边际转换率（FRT）、国内消费
边际替代率（DRS）三者相等是实现帕累托最优的必要条件。不存
在扭曲时，两种产品的消费边际替代率与其价格之比（P_1/P_2）相
等，两种产品的国内生产边际转换率与其边际成本之比（MC_1/MC_2）相等，任意两个生产者对两种生产要素使用的边际技术替代
率相等（$MRTS_{LK}^i = MRTS_{LK}^j$，$i$ 和 j 代表任意两个生产者，L 和 K 分别
表示劳动和资本两种生产要素）。如果上述条件不能完全满足，可
能会出现如表 2-1 所示的不同类型的扭曲，其中当不同生产者之间
存在生产要素价格差异时，将出现要素市场扭曲。

表 2-1　　　　　　　　　不同类型的扭曲

对帕累托最优条件的偏离	扭曲原因	扭曲类型
$DRS = P_1/P_2 \neq MC_1/MC_2 = DRT = FRT$	存在生产垄断	生产扭曲
$DRS = P_1/P_2 = MC_1/MC_2 \neq DRT = FRT$	存在生产的外部性	生产扭曲
$DRS \neq P_1/P_2 \neq MC_1/MC_2 = DRT = FRT$	存在消费外部性和生产垄断	生产扭曲
$DRS \neq P_1/P_2 = MC_1/MC_2 = DRT = FRT$	存在消费外部性	消费扭曲
$DRS = P_1/P_2 = MC_1/MC_2 = DRT \neq FRT$	存在贸易垄断	贸易扭曲
$MRTS_{LK}^i \neq MRTS_{LK}^j$	生产者之间存在要素价格差异	要素市场扭曲

　　在扭曲理论的基础上，Maggee（1973）指出，要素价格扭曲主要表现为要素价格差别化，要素价格差别包括两种情形：第一种是要素价格在不同部门是相等的，但要素边际产出与要素实际价格的关系在多个部门之间存在差异；第二种是单个部门内部实现要素实际价格与边际产出相等，但不同部门之间的要素价格不相等。Maggee（1973）认为一种或多种要素价格差别会导致要素价格扭曲，但并非所有价格差别都会造成扭曲。Chacholiades（1978）将要素价格扭曲定义为生产要素的实际价格与其边际产出相背离的现象，将要素价格扭曲分为要素价格的绝对扭曲和相对扭曲两种类型，绝对扭曲是生产要素价格水平对本身边际产出的偏离：价格水平高于边际产出的情形，称为正向扭曲或向上扭曲；价格水平低于边际产出的情形，称为负向扭曲或向下扭曲（Atkinson、Halvorsen，1980）。要素价格相对扭曲主要是针对两种或两种以上生产要素，在不同地区、行业或部门之间，相对扭曲指的是不同生产要素的相对价格差异（Johnson，1966），比如不同部门的工资与租金比率；在同一地区、行业或部门内部，相对扭曲是指两种或两种以上生产要素绝对价格扭曲的程度比较。

　　作为要素价格扭曲的一种情况，劳动力价格扭曲被定义为劳动力实际工资水平与劳动力边际产出之间的偏离程度，又称为劳动力工资扭曲。这里的实际工资是广义工资的概念，指劳动者因从事劳动而获得的所有报酬收入，它包括固定工资、奖金、津贴以及其他货币的、非货币的福利收入。劳动所得、薪酬、劳动力成本等都是广义概念的不同形式的表达。新古典主义经济理论认为，在完全竞争的劳动力市场上，资源通过市场化路径配置，规模报酬不变的情况下，利润最大化原则促使竞争性企业在劳动力价格低于边际产出时增加雇员，反之减少雇员，长期来看，均衡的劳动力价格等于劳动力边际产出。劳动力工资扭曲的表达式如下：

$$WDistortion = \frac{MPL}{\omega} \tag{2-1}$$

其中，*MPL* 表示均衡状态下的劳动力价格，即劳动力边际产出，*ω* 表示劳动力的实际工资。*WDistortion* 衡量劳动力工资扭曲程度，如果 *WDistortion* = 1，表示劳动力市场不存在扭曲，劳动力价格水平合理；如果 *WDistortion* > 1，代表劳动力边际产出高于劳动力获得的劳动报酬，存在劳动力价格向下扭曲；如果 *WDistortion* < 1，表示劳动力实际价格超过劳动力边际产出，存在劳动力价格向上扭曲。

本书采用式（2-1）定义劳动力工资扭曲，即劳动力边际产出与工资水平的比值，反映劳动报酬对劳动力边际产出的偏离程度。

二 劳动力工资扭曲的测度

现有文献测度劳动力工资扭曲的方法有五种：生产函数法、生产前沿分析法、影子价格法、扭曲指数法、可计算的一般均衡分析。其中，可计算一般均衡方法前提假设非常严格，求解均衡值的程序过于复杂，而且需要大量系统的数据基础，对其应用范围和适用性产生一定影响，在测算劳动力工资扭曲研究中的应用并不广泛。因此，本节主要对前四种测度方法进行梳理，并归纳和总结中国劳动力工资扭曲的相关测度结果，为本书第 5 章劳动力工资扭曲的测度研究提供方法借鉴与测度结果对比的文献基础。

（一）生产函数法

劳动力工资扭曲定义为实际工资对边际产出的偏离，准确测度劳动力边际产出是评估工资扭曲的关键步骤，生产函数法是劳动力边际产出测算中应用最广泛的方法。应用生产函数法测算劳动力工资扭曲的基本过程为：基于不同形式生产函数的设定，借助要素投入和产出数据，通过各种计量方法估计生产函数的参数，测算要素边际产出，劳动力工资扭曲即为劳动力边际产出与工资水平的比值。Cobb-Douglas 生产函数、常替代弹性（CES）生产函数、超越对数生产函数是最常用的生产函数形式。

C-D 生产函数形式简单、直观，在实证研究中被广泛使用和验证，对经济活动的解释力较强，有较高的可靠性。以 C-D 生产函数为例说明生产函数法测算劳动力工资扭曲的步骤：

$$Y = AK^{\alpha}L^{\beta} \tag{2-2}$$

Y 表示经济活动中的产出增加值，A 为全要素生产率，K 和 L 分别表示资本和劳动要素投入量，α 和 β 代表资本和劳动要素的产出弹性，劳动力边际产出 MPL 为：

$$MPL = \partial Y/\partial L = \beta AK^{\alpha}L^{\beta-1} = \beta Y/L \tag{2-3}$$

假设劳动力实际报酬水平为 ω，则劳动力边际产出与劳动力实际报酬的比值 $WDistortion$，衡量劳动力工资扭曲程度，表达式如下：

$$WDistortion = MPL/\omega = \beta Y/(L\omega) \tag{2-4}$$

Sahota（1968）在 C-D 生产函数设定下对印度农业资源配置进行了分析，他们发现不同农作物、不同地区、不同规模的农场上，土地、资本和劳动力要素投入的边际产出存在差异，认为印度农业资源配置效率相对偏低。Ram（1980）基于 C-D 生产函数对教育在美国农业生产中的配置功能进行界定和实证研究。Beladi 和 Chau（2000）借助 C-D 生产函数发现，劳动力工资扭曲内生于部门间的工资差异，并将扭曲传递至资本市场，造成要素分配偏离最优状态。Brandt 和 Zhu（2010）通过 C-D 生产函数对中国农业部门、非农业国有部门和非农业非国有部门进行增长核算，发现中国存在显著的要素市场扭曲，劳动力重新配置是非农业非国有部门增长的重要驱动力。相关国内文献中，盛仕斌和徐海（1999）采用 C-D 生产函数形式估计不同经济类型企业的要素产出弹性，从而分析要素价格扭曲的就业效应；邵敏和包群（2012）采用 1999—2006 年中国工业行业数据，借助 C-D 生产函数计算得到中国工业行业劳动力边际产出与实际工资的比率均值为 2.28；施炳展和冼国明（2012）基于中国工业企业 1998—2007 年数据，采用 C-D 生产函数估计劳动力边际产出，结果表明 1998—2007 年中国整体劳动力工资扭曲均值约为 3.62，劳动力工资报酬远低于劳动力边际产出，呈现工资向下扭曲态势，并且样本期间中国劳动力边际产出增速超过工资增速，工资向下扭曲程度有加剧倾向；冼国明和徐清（2013）在 C-D

生产函数中纳入城市人力资本和产业结构变量，基于 2004—2009 年
中国地级市面板数据，研究显示平均而言劳动力边际产出是工资的
3.32 倍；张明志等（2017）在 C-D 生产函数设定下，采用 LP 方法
估算劳动力边际产出水平，采用 2000—2007 年企业微观数据测算的
劳动力边际产出与劳动报酬比值的均值约 3.24；吴先明等（2017）
采用同样的方法测算得出 1998—2007 年中国新创企业的劳动力工资
扭曲更为严重，扭曲均值约 5.7。耿伟和廖显春（2016）、王明益和
戚建梅（2017）、刘来会和徐坡岭（2018）、罗知和刘卫群（2018）
等文献也均采用 C-D 生产函数测算劳动力工资扭曲。

　　部分学者采用不变替代弹性生产函数（CES）放松 C-D 生产函
数的单位替代弹性假设，黄先海和刘毅群（2013）在 CES 生产函数
假定下，利用 1985—2010 年中国制造业面板数据，计算了行业间的
要素配置扭曲系数。基于 CES 生产函数，丁建勋（2017）、白雪洁
和李爽（2017）、余东华等（2018）的测度结果均表明，平均而言
中国劳动力价格低于劳动力边际产出，劳动者没有获得相对合理的
工资报酬。

　　章上锋等（2011）将 C-D 生产函数中的要素产出弹性视作时
间 t 的非参数光滑函数，采用时变弹性生产函数反映不同时期资本
和劳动要素产出弹性的变化。王宁和史晋川（2015）借鉴这种方法
测算了中国 1978—2011 年资本和劳动要素的价格扭曲程度，劳动力
工资扭曲均值约为 2.5，即劳动力边际产出约为劳动力实际价格的
2.5 倍。超越对数生产函数（Translog）也是一种变弹性生产函数模
型，包容性强，形式灵活，可以对数据进行更好的拟合，但由于估
计参数较多，可能存在多重共线性等问题（章上锋等，2011）。史
晋川和赵自芳（2007）采用 2001—2003 年中国工业行业数据，借
助超越对数生产函数测算了不同所有制经济的资本和劳动产出弹
性、价格扭曲程度，发现集体经济、外资经济和私营经济均表现出
劳动力价格向下扭曲的特征，扭曲程度从高到低依次为私营经济、
集体经济和外资经济，而国有经济则出现劳动力实际工资高于其边

际产出的现象。王希（2012）采用 1978—2010 年中国整体时间序
列数据，运用岭回归方法估计超越对数生产函数的参数，发现劳动
力价格向下扭曲的程度逐渐降低。李健和盘宇章（2018）选取
2000—2014 年中国 30 个省份的面板数据，采用超越对数生产函数
形式，研究表明样本期内劳动力边际产出超过实际工资水平，扭曲
均值约为 1.65。张贵和王岩（2019）以 2008—2016 年 26 个省份面
板数据为研究对象，采用同样的方法测算出中国劳动力工资扭曲均
值为 1.86。

（二）生产前沿分析法

Farrell（1957）首次提出前沿生产函数的概念，在具体的技术
条件和给定生产要素的组合下，前沿生产函数描述企业各投入组合
与最大产出量之间的函数关系。通过比较各企业实际产出与理想最
优产出之间的差距可以反映出企业的综合效率。生产前沿面表示既
定投入下的最大产出集合，也称为生产可能性边界（Production Pos-
sibility Frontier，PPF），是一个理想状态。Johnson（1966）开创性
地在一般均衡框架下确定了生产可能性边界的形状，并通过计算机
模拟识别出各类扭曲造成的生产边界曲线的变化。Schmidt（1985）
把扭曲从理论层面扩展到实证层面，采用固定效应回归方法估计生
产过程中的技术和配置无效率。Skoorka（2000）认为偏离生产可能
性边界的生产会产生扭曲，构建了一个系统估计生产可能性边界的
框架，基于 1970—1985 年 61 个国家的面板数据，测算产品市场和
要素市场的扭曲程度。

通过生产前沿分析法测算劳动力工资扭曲有两条不同的路径：

第一种是非参数化的数据包络法（DEA），无须设定投入与产
出关系的函数形式，具有评价多投入、多产出效率的优势。赵自芳
和史晋川（2006）采用中国 30 个省份 1999—2005 年制造业数据，
借助 DEA 方法研究要素市场扭曲对技术效率损失的影响，实证检验
发现，其他条件不变的情况下消除要素市场扭曲，中国制造业产出
收益将提高 11%。姚战琪（2011）以 1985—2007 年中国制造业 26

个细分行业为研究对象，采用 DEA 分析方法测算生产要素配置结构和全要素生产率，发现制造业生产要素配置结构与生产率长期存在偏离，反映了资源配置扭曲导致的效率损失。

第二种是参数化的随机前沿分析方法（SFA），假设条件较少，经济含义更丰富，允许交叉使用多种计量方法，具有良好的拓展性和适应性，应用范围广。杨振兵和张诚（2015）选取 2001—2012年中国 36 个工业行业数据，基于超越对数生产函数设定，采用随机前沿分析方法测算劳动力工资扭曲，结果发现除煤炭采选业与煤气生产和供应业在某些年份出现劳动力价格向上扭曲，其他行业全部表现为劳动力价格向下扭曲，其中烟草加工业和食品加工业是扭曲程度最高的前两位行业。蒙大斌和杨振兵（2016）基于随机前沿分析方法的研究表明中国工业部门呈现劳动力价格向下扭曲的现象，并且劳动力边际产出增长率远高于劳动力工资水平的增长率。蒋含明（2016）采用 2002 年中国家庭住户收入调查数据（CHIP）涵盖的 12 个省份、70 个城市数据，借助随机前沿模型通过核算各城市要素投入产出关系测度要素价格扭曲。程丽雯等（2016）基于超越对数生产函数的随机前沿分析方法，以 2000—2012 年中国 30 个省份农业部门为样本，测算了中国农业要素扭曲程度，发现土地要素扭曲程度最为严重。王鑫等（2018）在历史数据《中国工业调查报告（1933）》基础上，采用随机前沿分析方法估计劳动力边际产出，对 143 个细分行业的测算结果表明近代工业中存在工资向下扭曲现象，扭曲均值为 3.77。

可拓展到微观领域劳动力工资扭曲测度是随机前沿分析方法的一个重要优势。Lang（2005）提出人力资本禀赋决定劳动者的收入边界而非实际工资，收入边界是既定人力资本投入组合下劳动者可能获得的最大收入，可以作为劳动力边际产出的代理变量，但现实劳动力市场上存在诸多导致实际工资偏离收入边界的因素，Lang（2005）采用随机前沿分析方法测算出劳动者实际工资与收入边界的差距，在德国 2000 年 GSOEP 数据样本中工资缺口的均值为 16%

（劳动力边际产出与实际工资差额占边际产出的比重），平均而言，劳动者实际工资实现了边际产出的 84%。Adamchik 和 King（2007）基于 2001 波兰全职工人就业数据的研究结果显示，劳动力实际工资与边际产出的平均缺口在 14% 左右。庞念伟等（2014）采用同样的方法，以中国居民收入调查数据库（CHIP）2007 年样本为研究对象，设定无效率项服从正态—指数模型分布，2007 年中国城镇劳动力市场上劳动力实际工资仅达到边际产出的 60%。朱志胜（2016）基于随机前沿分析模型，采用中国综合社会调查 2005—2013 年数据，测度结果表明中国城镇劳动力市场工资缺口约为 25%—35%。顾冉和蒲艳萍（2019）借助中国家庭追踪调查 2014 年和 2016 年数据，研究发现这两个年份的工资缺口分别为 40.6% 和 31.4%，劳动力市场存在严重的工资向下扭曲现象。

（三）影子价格法

采用影子价格法测度劳动力工资扭曲的思路是，比较劳动力实际价格与理想价格的差距，理想价格是资源配置达到最优状态时的劳动力价格，也就是影子价格。王宁（2016）认为要素价格扭曲的本质即为要素实际价格与影子价格的偏离，不能将影子价格定义为一种测度方法。但局部均衡框架下的要素价格扭曲测度方法都是从不同角度逼近要素理想价格，生产函数法根据产出和要素投入计算要素边际产出，以此衡量要素理想价格；生产前沿分析法旨在模拟不同要素投入组合下的生产可能性边界，测算要素理想价格；影子价格与上述方法的最大区别在于假定扭曲以从价税的形式存在，设置一个扭曲"税"，表示要素实际价格对影子价格的偏离程度，必然对企业成本和利润产生影响，可分为影子成本模型和影子利润模型两类。

Atkinson 和 Halvorsen（1984）提出一般化成本函数模型计算要素价格扭曲程度。首先设定影子成本函数 $p_i^s = k_i p_i$，p_i^s 是最优配置下的要素影子价格，p_i 为要素实际价格，k_i 表示要素真实价格与影子价格的关系，i 表示要素，如劳动力和资本。要素的真实成本函数

C^a 和影子成本函数 C^s 分别为：$C^a = \sum_i p_i x_i$，$C^s = \sum_i k_i p_i x_i$。假设要素的影子成本份额为 S_i^s，则满足 $x_i = S_i^s C^s / (k_i p_i)$。运用谢泼德引理，进行一系列变换，得到要素真实成本与影子成本的函数式：

$$C^a = C^s \sum_i (S_i^s / k_i) \tag{2-5}$$

两边取自然对数得到：

$$LnC^a = LnC^s + Ln \sum_i (S_i^s / k_i) \tag{2-6}$$

为减少上式存在的共线性问题，可与要素真实成本函数、真实要素份额函数构造方程组进行估计，并借助迭代的似无相关法估计 k_i 的值。如果 $k_i = 1$，说明要素实际价格与影响价格相等，不存在要素价格扭曲。陶小马等（2009）基于超越对数影子成本函数，发现 1980—2007 年中国工业行业的劳动力价格扭曲程度最为严重，劳动力边际产出远远高于劳动力价格水平，劳动力价格扭曲程度是能源价格扭曲的 14.58 倍，是资本扭曲的 20.88 倍。

影子利润函数的关键特征是假定企业追求利润最大化，借助最大化一阶条件的若干关系式求解带有扭曲的竞争均衡，侧重于对经济效率的研究，并引申出对要素价格扭曲的测度。Lau 和 Yotopoulos（1972）从利润函数中推导出要素需求函数，借助印度农业数据，利用先验信息理论对印度农业的利润函数和劳动力需求函数进行联合估计，对基于利润函数分析经济效率和要素市场扭曲状况具有开创性意义。Atkinson 和 Cornwell（1998）在 Lau-Yotopoulos 模型中加入准固定投入要素，采用美国 13 个航空公司 1970 年 1 月至 1981 年 4 月的季度数据，直接利用影子利润函数测算了企业层面的价格效率（配置和规模）与技术效率，发现企业间技术效率在 53%—93% 范围内不等，价格效率的估计结果表明航空公司的能源利用率较低，但价格加成率在 35%—65% 之间。Wang 等（1996）进一步扩展 Lau-Yotopoulos 模型，构建了影子价格利润边界模型，该模型包含价格扭曲因素，并基于 1990 年中国农户调查数据对生产要素价格扭曲进行了实证分析。Hsieh 和 Klenow（2007）基于包含价格扭曲的利润函数形式，对中国和印度制造业企业的资源错配进行量化。

朱喜等（2011）在 Hsieh 和 Klenow（2007）框架下研究中国农业要素市场扭曲与全要素生产率的关系，选取2003—2007年中国农村固定跟踪观察农户数据样本，研究发现中国农户存在较为严重的资本和劳动要素配置扭曲，其他条件不变的情况下，消除这些扭曲可使农业全要素生产率提高20%。陈永伟和胡伟民（2011）、Aoki（2012）均在 Chari 等（2002）基础上，构建了包含要素价格扭曲的多部门竞争均衡模型，并且扭曲以部门生产要素从价税的形式存在。

（四）扭曲指数法

要素市场化进程滞后于产品市场是中国渐进式改革过程中存在的突出问题，很多学者基于樊纲和王小鲁等发布的中国市场化进程指数，通过要素市场化进程指数与产品市场化进程或总体市场进程的比较，构建地区层面整体的要素市场扭曲指数。张杰等（2011）采用两个指标衡量地区要素市场扭曲程度：产品市场化进程指数与要素市场化进程指数的差额占产品市场化进程指数的比重、总体市场化指数与要素市场化进程指数的差额占总体市场化指数的比重。林伯强和杜克锐（2013）指出上述指标存在不能反映地区间要素市场相对扭曲程度的问题，戴魁早和刘友金（2015，2016a，2016b）的一系列研究在张杰等（2011）的基础上，进一步构建了地区间要素市场扭曲的相对差距指数 $Distr_{it} = (maxDist_t - Dist_{it}) / maxDist_t$，其中 $Dist_{it}$ 表示地区 i 在第 t 年的要素市场发育程度，数据来自樊纲等提供的中国市场化进程指数，$maxDist_t$ 为第 t 年样本中要素市场发育程度的最大值，$Distr_{it}$ 即表示地区 i 在第 t 年的要素市场扭曲指数，既能反映地区要素市场扭曲的动态变化，又可以体现地区之间的相对差异，但是存在无法有效分离单个生产要素扭曲程度的限制，并且只能衡量地区层面的扭曲程度。此外，雷鹏（2009）通过比较要素投入结构与要素禀赋结构的差异，判断是否存在要素市场扭曲，$\varphi_{it} = (K_{mit}/L_{mit}) / (K_{it}/L_{it})$，$K_{mit}$ 和 L_{mit} 分别表示地区 i 在第 t 年工业行业投入的资本存量和劳动力人数，K_{it} 和 L_{it} 分别为地区 i 在第 t 年的全部资本存量和就业人数，$\varphi_{it} \neq 1$ 即代表地区 i 在第 t 年要素市场存在偏离地区要素禀赋结构的扭曲，但比较要素密集度的方法并不常用。

（五）中国劳动力工资扭曲的相关测度结果

上述文献采用不同方法、从不同数据层面对中国劳动力市场工资扭曲程度的测度结果显示，绝大部分文献测算的中国工资扭曲程度均值大于1，即劳动报酬低于边际产出向下扭曲，但也有极少数研究认为中国劳动力市场上劳动力价格高于边际产出。白俊红和卞元超（2016）基于超越对数形式的生产函数，以2003—2014年中国省际数据为样本，认为劳动力工资水平超过劳动力边际产出，原因在于整体上中国劳动力技能水平相对偏低导致劳动力边际产出较低。袁鹏和朱进金（2019）建立了基于生产函数的影子价格模型，采用中国1985—2014年省际面板数据的测算也认为劳动力价格水平高于其边际产出。

细致剖析这两篇文献的工资扭曲测度过程，以分析出现扭曲方向差异的原因。白俊红和卞元超（2016）以地区总体GDP衡量地区产出水平，而直接采用地区城镇单位就业人员平均工资衡量工资水平。长期以来中国农村人口占总人口的比例很大，地区GDP由城镇单位就业人员和农村人口共同创造，以城镇单位就业人员工资指标衡量地区整体工资水平，整体工资存在被高估的风险，出现产出与劳动力价格数据统计口径不一致的问题。袁鹏和朱进金（2019）基于生产函数影子价格模型的推导过程尚存争议，他们认为要素价格扭曲时企业生产决策依据由要素实际价格转为影子价格，但Aoki等（2012）经典文献的模型推导中，企业利润最大化过程均考虑劳动力和资本的实际价格。王宁和史晋川（2015）采用时变弹性C-D生产函数作为估计要素边际产出的模型，以1978—2011年宏观层面中国整体时间序列数据为基础，根据《中国农村统计年鉴》中抽样调查的农村人均工资性收入，乘以当年农村人口估算农村工资总额，加上城镇单位工资总额，形成全国工资总额，价格平减后再除以劳动力数量，以此作为衡量整体工资水平的指标，由此计算出的工资扭曲程度均值为 2.5，支持工资向下扭曲。李健和盘宇章（2018）采用白俊红和卞元超（2016）的模型方法，基于超越对数生产函数估计要素边际产出，借鉴王宁和史晋川（2015）构建工资指标的方法，估计出农村工资总额纳入全国工资总额中，以 2000—2014 年省际面板数据为研究对象，也发现样本期内劳动力边际产出显著大于工资水平，劳动力市场存在工资向下扭曲。

三　劳动力工资扭曲的形成原因

扭曲可分为内生型扭曲和政策引致型扭曲。内生型扭曲是由自由放任条件下的市场不完全性造成的，如市场的刚性、滞后性和外部性等。政策引致型扭曲是由市场机制之外的各种经济干预政策产生的扭曲，又可分为政策引致的自发型扭曲和工具型扭曲，自发型扭曲来自由历史传统形成的政策，工具型扭曲是政策作为实现某种特定目标的工具时引发的扭曲。比如由征收关税政策造成的扭曲，如果关税是基于历史缘由形成的，则此类扭曲称作自发型扭曲，如果是为了抵制进口制定的关税政策，这种扭曲被称为工具型扭曲。内生型扭曲和政策引致型扭曲并不是相互独立的，一种扭曲可能是市场不完全和政策干预的共同结果，二者存在相互交叉、相互影响的关系。通过系统梳理现有文献，发现学者们大致从政府干预因素、劳动力市场分割、劳动力市场歧视、议价能力以及信息不对称等因素来分析劳动力工资扭曲的形成原因。

（一）政府干预因素

政府干预是指政府通过政策手段或行政命令影响生产要素在地区之间、行业之间以及不同部门之间的配置，导致要素价格偏离边际产出，造成资源配置效率以及全要素生产率的损失。Restuccia 和 Rogerson（2007）基于异质性企业增长模型和美国数据，研究发现部分政策可能造成企业间、部门间的要素价格扭曲，导致经济整体的产出水平和全要素生产率大幅下降，降幅在 30%—50% 左右。Guner 等（2008）提出政府倾向限制大企业规模而促进小企业发展，构建了一个生产单位规模分布内生的增长模型，采用美国数据对模型进行校准，结果表明一项使得企业平均规模降低20%的政策将导致经济体总产出和企业平均产出分别减少8.1%和25.6%。Wu（2018）实证研究发现中国金融市场摩擦导致全要素生产率损失9.4%，而中国实际的资源错配程度可能远高于这一水平，并且主要表现为政策扭曲。

在经济赶超发展阶段，为从农业生产中筹集工业化的初始资本，国家实施农产品统购统销制度，通过工农业产品价格剪刀差为工业发展提供超额利润。为保障该制度的有效性，配合实施了限制农村人口流动的政策，1958年1月确立了户口登记和身份户籍管理制度，严格控制农村户口劳动力迁入城市。随着工业化体系的建立和发展，逐渐放宽劳动力流动的限制条件后，地方政府仍以压低劳动力价格的方式推动地区经济增长，劳动力工资水平低于边际产出向下扭曲的现象非常普遍。

伴随中国渐进式改革进程，政府主要通过地方保护、政府补贴、行政垄断、劳动力市场规范性、户籍政策五种方式干预劳动力市场。Young（2000）指出，为捕获要素市场扭曲租金，中国各地区产业重复性较高，一方面导致生产偏离区域比较优势，另一方面竞争激烈造成地区间贸易壁垒和国内市场分割加剧，进一步扭曲要素配置效率（谢攀和林致远，2016）。政府补贴存在所有制和行业偏向性，政府对国有企业的"父爱主义"使其享有更多的财政补贴和融资优惠，干预市场竞争机制，造成国有企业过度投资、非效率经营，并且大量僵尸企业没有退出市场，导致要素市场扭曲和全要素生产率下降（黎精明和邵进兴，2010）。行政垄断是指政府凭借行政权力直接或间接地干预市场，限制或妨碍市场公平竞争，靳来群等（2015）认为行政垄断是不同所有制企业之间资源错配的根本原因，陈林等（2016）研究发现行政垄断，尤其是政府设置的市场准入条件，与要素价格扭曲呈显著的正向关系。从劳动力市场规范性的视角来看，地方政府将吸引投资、促进经济增长作为主要目标（聂辉华、李金波，2007），劳动保护没有得到足够重视，未通过加强劳动力市场制度建设及执行力度等途径保护劳动者合法权益。户籍政策是造成劳动力市场分割和扭曲的重要原因，城乡之间、区域之间的劳动力流动仍受到较多的制约，并且流动人口在工资收入、社会保障、基本公共服务等多个方面无法享受与本地居民相同的待遇。

（二）劳动力市场分割因素

完全竞争的经济体中，劳动力的市场价格遵循边际法则，工资水平由边际生产力决定；市场处于分割状态时，信息传递、要素流动存在障碍，导致要素价格背离边际产出，出现价格扭曲。劳动力市场分割理论可追溯至约翰·穆勒，他认为教育、训练形成的劳动力技能差异造成行业自然垄断，制度、组织、习俗等因素造成人为垄断，共同导致工资不平等现象。Doeringer 和 Piore（1971）提出二元劳动力市场分割理论，按照雇佣和报酬支付特征将劳动力市场分为主要市场和次要市场，它们之间缺少流动。主要劳动力市场上，劳动报酬相对较高，工作环境优良，有晋升机会，管理有序，制度规范，且工作稳定，是有高度组织、完整规则和程序、以结构性的内部劳动力市场为主体的正式市场，其工资水平通常取决于组织内部的供求关系而非整体市场（Osterman，1975）；次要劳动力市场则伴随工资水平低、工作环境差、晋升机会少、工作稳定性差、劳动者更换工作频率高等特征。

中国劳动力市场分割表现形式多种多样，主要集中于城乡分割（田永坡等，2006；李坤望等，2014）、户籍分割（余向华、陈雪娟，2012）、行业分割以及区域分割（付文林、赵永辉，2014）。伴随研究不断深化，一方面，劳动力市场的分割形式更加细化，如垄断与竞争部门分割（李路路等，2016）、正规部门和非正规部门分割（吴要武，2009）、所有制分割（叶林祥、李实等，2011）、有无高等教育文凭的学历分割（吴愈晓，2011；杨金阳等，2014）等；另一方面，从一个层面的分割逐渐转向行业、区域、城乡等多重交叉分割（孟凡强，2014；齐亚强和梁童心，2016）。

（三）劳动力市场歧视因素

Becker（1957）首先建立了对歧视的分析框架，劳动力市场上的歧视是指具有相同劳动生产率的个体由于其他特征引起的在就业、工资、晋升等方面的不同待遇。Bertrand 和 Mullainathan（2003）采用实验的方式研究劳动力市场上的种族歧视，他们向波士顿和芝加哥报纸上的招聘广告投放虚拟简历，在简历中随机分配非裔名字和白人名字，结果发现超过 50% 的白人名字收到面试电话，雇主对白人名字简历的质量反馈也更迅速，并且没有证据显示雇主通过名字推断求职者的社会阶层。Pager 等（2009）对纽约低工资劳动力市场歧视的研究发现，黑人求职者得到就业机会的可能性是同等条件白人的一半，即使背景清白的黑人和拉丁裔得到就业机会的可能性也不比刚出狱的白人高。Carlsson 和 Rooth（2007）研究结果显示，瑞典劳动力市场上近四分之一雇主存在歧视，但没有发现拥有种族多元化计划的公司比其他公司的歧视更少。De Paola 和 Scoppa（2015）利用印度大学竞争评选教授和副教授的数据，分析性别歧视是否受评估者性别的影响，在控制评选委员随机分配和候选人科研能力及其他个人特征后，检验每个候选人成功概率与委员会性别组成的关系，发现当委员会全部由男性组成时，女性候选人被提升的可能性更低；当委员会成员包含不同性别时，没有观察到由候选者性别造成的结果差异。Ge 等（2016）借助 Uber 和 Lyft 在美国西雅图和波士顿的 1500 多次行车记录数据，发现西雅图非裔乘客的等车时间更久，大约增加了 35%；波士顿非裔名字乘客的行程被取消率更高，大约是白人名字乘客的两倍，搭载女性乘客时司机会花费更多时间，价格也更高。

中国劳动力市场歧视主要表现为户籍、地域、性别、相貌等方面。章元和王昊（2011）采用中国 2005 年 1% 人口抽样调查数据，计算包含企业缴纳的失业保险、医疗保险和基本养老保险的劳动力小时工资，以本地工人作为基准组，发现外地农民承受的地域歧视和户籍歧视分别为 26% 和 31%；章莉等（2014）研究显示 2007 年中国农民工与城镇职工仍存在较大的工资差距，其中36%可解释为由歧视造成的；孙婧芳（2017）比较了中国2001年与2010年劳动力市场户籍歧视的变化，发现对农民工的就业隔离和工资歧视均出现大幅下降，但是公共部门仍然存在对农民工的进入歧视。在性别方面，陈永伟和周弈（2014）认为性别工资差距主要源于不同职业内部工资决定和晋升机会的性别差异，同工同酬政策有助于降低相同职位的工资差距，但同时会减少女性的就业机会并提高女性晋升条件，应配合实施促进就业平等的公共政策（郭凯明和颜色，2015）。在相貌方面，刘一鹏等（2016）基于CFPS2010年数据的实证分析表明低于平均水平的相貌使男性和女性小时工资分别降低17.8%和9.5%，而学历提高有助于减弱雇主相貌偏好的影响（杨园争等，2017）。

（四）议价能力和信息不对称因素

Landeau和Contreras（2003）认为议价能力、信息不对称和市场歧视是劳动力工资向下扭曲的重要原因。劳资双方议价能力在很大程度上影响工资决定（盛丹、陆毅，2017），劳动者议价能力与劳动收入占比呈正向关系（柏培文、杨志才，2019），中国劳动力资源禀赋相对充裕、工会力量较为薄弱的现实基础下，资方相比于劳方更强的议价能力直接导致劳动收入占比降低近两个百分点（王展祥、龚广祥，2017）。

Polachek和Xiang（2005）将工资扭曲归结于劳动力就业时的信息不对称；Kumbhakar和Parmeter（2009）根据搜寻理论构建了新的分析框架，借助随机前沿分析方法测度劳动力市场信息不完全对实际工资和潜在工资偏离程度的影响；周先波等（2016）直接将实际工资对潜在工资的偏离程度定义为搜寻成本的影响，搜寻成本是由雇主和求职者双方信息不对称造成的，他们基于珠三角农民工数据的实证研究认为信息不对称解释了个体层面劳动力工资扭曲的62%。

四　劳动力工资扭曲的经济效应

完全竞争的经济体中，要素价格取决于其边际产出，反映经济体中要素相对稀缺程度，但存在扭曲的要素市场上，价格偏离边际产出，无法准确反映要素禀赋信息。中国劳动力市场扭曲主要表现为劳动报酬低于边际产出的工资向下扭曲，这一方面关系到要素收入分配格局，直接影响劳动收入份额和居民福利；另一方面，工资扭曲意味着劳动力价格不能根据要素禀赋结构变化灵活反应，可能导致价格机制无法有效引导企业的要素配置和技术进步，劳动力资源也不能实现配置效率最高的状态，造成实际产出低于潜在产出，是社会总效率的损失。通过梳理文献，本书主要从生产率、收入分配、经济结构以及对外经济四个方面分析劳动力工资扭曲带来的后果。

（一）生产率效应

根据现有研究，要素价格扭曲导致的资源配置不当对总体生产率存在负向效应是不争的事实。Hsieh 和 Klenow（2007）采用制造业企业微观数据量化分析中国和印度相对于美国的资源错配程度，发现如果中国和印度的资本、劳动力配置效率能达到美国的水平，两国的全要素生产率将分别提高 30%—50% 和 40%—60%。此后，要素价格扭曲和资源错配造成的生产率损失受到学界越来越多的关注，Aoki（2012）构建了一个量化资源错配对总生产率影响的核算框架，该框架基于多部门均衡模型，以从价税的形式定义要素价格扭曲。应用这一框架实证检验发现，日本与美国生产率差距中有九个百分点可以被资源错配解释。Brandt 等（2013）测算了中国 1985—2007 年资本和劳动力在不同省份和不同非农业部门之间错配带来的全要素生产率损失，样本期间，要素错配导致非农业全要素生产率平均降低 20%。Ryzhenkov（2016）基于 Hsieh 和 Klenow（2007）的研究框架，采用乌克兰 2002—2010 年 47494 个企业的数据，实证研究了资源错配对制造业生产率的影响，结果表明乌克兰制造业存在严重的资源错配，如果消除要素市场扭曲，制造业生产率可能会增加三倍；如果乌克兰资源配置效率达到美国或欧盟的效率水平，生产率可能是现在的两倍。Dias 等（2016）将 Hsieh 和 Klenow（2007）框架扩展到农业、制造业和服务业三个部门，并增加中间品投入因素，采用葡萄牙企业数据探讨要素错配是否是欧洲南部和周边国家经济表现不佳的原因，研究发现，这些国家在 1996—2011 年期间，行业内要素错配程度翻了一番，配置效率的恶化可能导致 GDP 年增长率降低 1.3 个百分点。Bento 和 Restuccia（2017）构建了一个再分配模型，将企业进入和投资决策内生化，发现如果要素市场扭曲从美国的 0.09 变成印度的 0.5 时，企业规模和生产率的下降将超过五倍。

国内相关研究中，朱喜等（2011）认为技术水平既定的前提下，消除农业资本和劳动力配置扭曲，农业全要素生产率将至少提高 20%；罗德明等（2012）基于动态一般均衡模型，发现政策扭曲引发资源错配，进而造成非常严重的效率损失；盖庆恩等（2013）在 Stone-Gary 效用函数中引入劳动力市场扭曲，采用 1980—2009 年中国宏观数据对模型进行校准，结果显示中国劳动力资源存在部门之间的配置扭曲，农业部门和非农业部门平均工资水平相差较大，消除这种配置扭曲，劳动生产率能够提高 19.53%；苏启林等（2016）从国际市场订单波动视角考察出口企业要素配置扭曲带来的生产率成本；文东伟（2019）基于中国企业微观数据，发现中国制造业企业大多存在资本配置不足、劳动投入过度的特征，但在劳动力成本不断上涨的背景下，企业劳动投入过度的问题逐渐改善。

（二）收入分配效应

蔡昉等（2001）指出，劳动力市场扭曲在地区经济发展差距的基础上进一步扩大区域收入差距。张曙光和程炼（2010）探讨了要素价格扭曲对社会财富分配的影响，他们通过理论模型分析发现，要素价格向下扭曲导致利益向特定社会群体倾斜，产生三种形式的财富转移：一般部门→行政垄断部门，个人→政府，劳动者→资产所有者。不同群体之间的利益分配失衡可能引发各种形式的社会矛盾，威胁社会稳定和经济可持续性。Lu 和 Gao（2011）认为 20 世纪 90 年代中期以来的劳动力市场改革，产生了城乡之间大规模劳动力流动，释放了中国的人口红利，低劳动力成本成为中国企业的重要竞争优势，但 2008 年全球经济危机暴露了我们对出口和劳动力资源的过度依赖，加上收入差距扩大，亟待调整改革和发展战略以促进收入平等与国内消费，2008 年生效的《劳动合同法》可能是劳动力市场改革走向正确方向的标志。蒋含明（2016）基于 2002 年中国微观家庭收入数据的实证研究发现，要素价格扭曲在 1% 显著性水平上降低劳动报酬、提高财产报酬，但同时显著减少居民获取财产报酬的机会，加剧居民收入分配不平等。具体到劳动力市场，城乡收入差距中有 4.19% 可以由劳动力工资扭曲解释（郭圣乾等，2018）。

（三）经济结构效应

市场在资源配置中发挥决定性作用的核心在于价格机制，本质上资源配置是指市场通过价格信号传递要素相对稀缺程度，引导作为生产单位的企业调整其要素投入组合，而要素价格扭曲会导致企业要素配置与禀赋结构错位，过密使用价格被低估的要素。中国劳动力市场上的工资向下扭曲即导致企业劳动力投入过度（文东伟，2019），一方面，延缓劳动密集型产业的衰退演化进程，造成产业结构低端化。理性企业追求利润最大化、成本最小化，生产要素价格被压低，给企业提供了一个维持原有技术和管理水平下的获利空间，长期如此，逐渐形成企业对要素成本优势的依赖，也造成国内企业依靠要素投入规模的粗放发展模式，没有动力进行产业升级和技术创新。

另一方面，劳动力工资扭曲导致劳动收入比重持续偏低以及各社会群体之间的收入分配失衡，从消费驱动不足和出口导向依赖视角影响经济结构和企业创新。劳动力不仅是企业最基础的生产要素，而且是社会上最重要的消费群体，劳动收入占比偏低的直接后果即导致国内消费需求低迷，推动经济增长的消费驱动力明显不足。伴随国内行业重复建设、大量僵尸企业等现象，产能过剩与消费需求两者叠加迫使企业更加需要出口扩张，形成对出口导向模式的过度依赖，将国内要素按照被扭曲的价格让渡给国外消费者，同时阻碍国内企业转型升级。

韩平和吴呈庆（2012）从理论上系统分析了要素价格扭曲如何影响经济结构；郑振雄和刘艳彬（2013）采用1980—2008年中国行业面板数据，为要素价格扭曲对产业结构升级的滞后效应提供了经验证据。谭洪波（2015）基于2002—2012年中国省际面板数据，研究发现中国要素市场扭曲给工业发展提供了有利条件，一定程度上导致服务业发展滞后。籍佳婧（2013）以2010年数据为例，发现如果消除劳动力市场扭曲，中国服务业就业比例能够提高4.54%。韩国高和胡文明（2017）基于2002—2014年省际面板数据认为要素价格扭曲是形成产能过剩的重要推手，尤以劳动力价格扭曲的影响程度最大。

（四）对外经济效应

根据上述文献梳理，要素价格扭曲导致国内消费需求不足，同时伴随产能过剩，出口贸易成为企业扩大需求的重要途径，从而形成依靠出口导向模式的经济结构，但是要素价格扭曲对出口企业利润率、出口产品质量以及出口技术复杂度等存在负向效应。张杰等（2011）研究显示，中国要素市场扭曲显著提高企业出口比重，对本土企业的影响程度更高，但要素市场扭曲程度越严重，本土企业的出口利润率越低。同时，要素市场扭曲并不能促进持续出口企业的出口行为（陈潜和周康，2015）。王明益和戚建梅（2017）基于2000—2007年中国工业企业数据和海关数据，实证研究发现劳动力工资扭曲与出口产品质量的关系受工资扭曲程度和行业要素密集度的影响，工资扭曲程度较轻时，可以促进劳动密集型行业的出口产品质量；当扭曲程度较重时，将对所有行业出口产品质量产生抑制效应。戴魁早（2019）以中国高技术产业为研究对象，结果表明要素市场扭曲对出口技术复杂度具有显著的负向影响。

第二节　企业创新相关研究

一　企业创新的内涵

美籍奥地利学者约瑟夫·熊彼特在 1912 年《经济发展理论——对利润、资本、信贷、利息和经济周期的考察》一书中首次提出创新概念和创新理论。他指出，生产是将所能支配的原材料和力量组合起来，资源的不同组合方式意味着生产不同的产品或以不同方法生产相同产品，创新和发展意味着执行新的组合形式。具体包括五种情况：①生产新产品，或改进原有产品的某种特性；②引入新的生产方式；③开辟新市场，进入以前不曾进入的国家或地区，或者国内某一市场；④获取原材料或半成品的新的供应源；⑤实现新的组织形式。

"创造性破坏"是熊彼特创新理论的核心思想，在竞争性的经济体中，新组合通过竞争方式对旧组合加以消灭。一方面，不同社会群体上升和下降的过程是收入分配不断调整的过程；另一方面，新旧组合更替是不断改革经济结构的内生力量，决定着经济周期、私人财产形成机制等。这一过程主要通过引入新产品种类和更高质量的产品来实现，新产品和高质量产品导致原有产品的需求不断减少，即替代和破坏的过程。企业是实现新组合的基本单位，企业家将实现新组合作为职能，创新活动即企业家为追求垄断利润实施的有目的的研发活动。

熊彼特的创新概念范围较广，包括技术性创新和非技术性的组织创新，Rostow（1960）提出经济发展六阶段理论，着重强调创新内涵中技术创新的作用。Freeman（1973）认为技术创新不仅包括技术改进，也包含新产品和新工艺的商业化转化；美国国家科学基金会（NSF）1976 年将技术创新定义为新的或改进的产品、流程或服务引入市场的过程；Mueser（1985）对技术创新的概念作了系统性整理和分析，认为技术创新是以其构思新颖性和商业实现为特征的有意义的非连续性事件。

从不同维度划分，技术创新具有多种不同类型。根据技术创新的新颖程度，可分为渐进性创新和根本性创新。渐进性创新是改进和完善现有技术，在技术原理上没有重大变化；根本性创新具有重大技术突破，是非连续的，可能对产业结构产生重大影响。根据技术创新的来源，可分为原始创新和模仿创新。原始创新是指独有的、取得商业化成功的重大科学发现、技术发明，原始创新难度大、风险高，需要大量投入和雄厚的技术基础；模仿创新是在学习、吸收、借鉴先进技术基础上的再创新，能够降低研发成本、缩短研究周期、提升市场适应能力，是发展中国家和地区普遍采取的方式。根据技术创新的对象，可分为产品创新和工艺创新。产品创新是指全新的或者性能有改进的商品或服务，并取得商业化的成功；工艺创新是将新的生产方式和流程引入生产体系。

经济合作与发展组织（OECD）的奥斯陆手册（Oslo Manual 2018）将创新定义为一项新的或改进的产品、工艺或产品和工艺的结合，显著区别于原有产品和工艺生产流程，并且新产品已经提供给潜在用户、新工艺已实现工业应用。奥斯陆手册定义的创新强调产品创新和工艺创新，也是上述技术创新的主要内容。其中，奥斯陆手册将产品创新定义为新的或改进的产品和服务，与原有产品和服务明显不同，并且已被引入市场；将工艺创新定义为针对一个或多个业务功能的新的或改进的生产方式和流程，它与企业以前的业务流程有很大不同，并且已被企业使用。奥斯陆手册指出创新活动是一种系统行为，包括企业家开展的旨在为该企业带来创新的所有开发、金融和商业活动。

综合上述学者对企业创新概念的描述，共同点在于关注技术创新范畴，强调产品和工艺的创造性以及市场实现。因此，本书将企业创新界定为技术创新，是指从新产品、新工艺的设想、生产到市场应用的完整过程，包括新设想产生、研究、开发、商业化生产到扩散等一系列活动。创新与发明的区别即在于是否投入市场，发明可以是关于新技术的设想、新产品的模型，而创新是将发明引入生产体系并投放市场的行为。

二　企业创新的测度

创新是一个经济体长期持续发展的内在动力和基础，准确测量创新是研究企业创新问题的前提。现有文献主要使用三类指标度量企业创新活动。

（一）全要素生产率

新古典学派以 Solow（1957）为代表，将技术进步和创新作为经济增长的内生变量，构建技术进步模型。假设生产函数采取 Cobb-Douglass 形式：$Y = AK^{\alpha}L^{\beta}$，Y 表示经济活动中的产出增加值，K 和 L 分别表示资本和劳动要素投入量，α 和 β 代表资本和劳动要素的产出弹性系数，A 为全要素生产率。核心思想在于，将经济增长中无法被要素投入解释的部分归为技术进步和创新的贡献。但是由于无法从数据中直接观测得到全要素生产率，它以残差形式计算得出，因而准确的全要素生产率对基础数据和计算方法的要求比较严格。尤其值得注意的是，在不完全竞争市场上，市场摩擦等不便观测的因素可能会被 A 捕捉，导致使用全要素生产率衡量创新具有较大的误差（Hall，1986；Klette，2003）。

（二）创新投入指标

创新是一种有意识的主动行为，创新投入可以反映生产单位的创新意愿，因此企业研究开发支出通常被作为企业创新的代理指标。研究开发支出包括研究和开发两个过程的支出，研究是指为发现新知识而从事的有计划有创造性的调查、分析和实验活动，是技术可行性的探索阶段，能否给企业带来经济效益具有很大的不确定性，风险较高；开发是将新知识、新技术转化为新产品和新工艺的阶段，包括对生产模型、工序、系统、设施的设计、建造和测试。相比于一般性投资活动，研发投资的收益不确定性更高，在会计确认与计量上存在较大困难。因而，在中国使用研发支出衡量创新，存在两方面的问题：一是难以获得微观企业的研发支出数据，中国工业企业数据库仅提供了 2005—2010 年 R&D 支出信息；二是研发支出的会计计量不够完善，很多企业基于减税目的倾向于虚报 R&D 支出。

（三）创新产出指标

企业投入一定的资源用于研究开发活动，将面临开发成功和失败两种不确定的结果，开发成功则企业获得新产品和新工艺，开发失败则研究开发支出成为企业的沉没成本。商业化应用是创新概念的重要属性之一，相比研发投入，产出类指标更能反映创新的新颖性和市场实现两种特征。现有研究中常用的企业创新产出类指标有两种：专利数量（Jaffe，1989；Hirshleifer 等，2013；温军和冯根福，2018）和新产品产值（Audretsch、Feldman，1996；王文春和荣昭，2014；周开国等，2017）。企业发明和专利是技术探索阶段的研究成果，能否给企业带来经济效益具有很大的不确定性，并且生产工艺改良或新产品开发也未必申请专利（Pakes、Griliches，1980；董晓芳、袁燕，2014），企业还可能将创新产出以商标权、著作权等其他知识产权形式持有，甚至不公开，直接保留为商业秘密。因此，本书采用创新产出类指标中的新产品产值衡量企业创新，以新产品产值对数作为主要分析的被解释变量，以新产品产值占工业总产值比重以及企业是否有新产品两个指标作为稳健性检验。

三 企业创新的影响因素

白熊彼特探讨市场结构和企业规模对创新的影响以来，大量文献从不同视角实证考察了企业创新的影响因素，对微观企业创新决策过程和宏观外部环境的研究均取得丰硕成果，企业内部因素包括企业规模、股权结构、融资约束、公司治理、高管特征、所有制等（Acs、Audretsch，1987；李文贵、余明桂，2015；张璇等，2017；冯根福、温军，2008；Tang、Li，2015；李春涛、宋敏，2010）。外部因素包括制度环境、产业政策、政府补贴、要素市场发育程度等

（Allred、Park，2007；余明桂等，2016；解维敏等，2009；张杰等，2011）。鉴于本书研究围绕劳动力工资扭曲与企业创新的关系展开，本部分主要对影响企业创新的劳动力市场因素进行系统性回顾与梳理。

大量文献从人口结构、薪酬结构、就业保护、劳动力多样性等多个视角考察劳动力市场相关因素对企业创新的影响。在人口结构方面，抚育少儿、赡养老人的经济压力可能对劳动年龄人口自身的人力资本投入产生挤出效应，研发创新活动是一项对认知水平、知识积累、身体状态等具有较高要求的复杂活动，个体创新能力伴随生命周期变动出现先增后降的规律性变化（Jones，2005；姚东旻等，2015），多数研究表明人口结构中的少儿比重、老龄人口比重增加对经济体整体创新水平产生负向影响，劳动年龄人口占比提高有助于推动地区创新活动（黄茹等，2014；邵汉华、汪元盛，2019；金昊、赵青霞，2019）。在薪酬结构方面，锦标赛理论通过设置工资等级激励员工努力工作（Lazear、Rosen，1979；Kale 和Reis，2009），认为给定一个等级的劳动报酬水平将有助于提高该等级和下一等级员工的努力程度；比较理论则提出个体期望按照贡献大小分配报酬，并通过与参照对象群体的比较来评估自身投入与报酬的合理性，如果与参照对象的差别太大，将产生相对被剥夺感，进而调整自身努力程度，减少协作、降低生产率水平（Firth 等，2015）。Xu 等（2017）基于中国 2000—2012 年上市公司数据，研究发现工资差距较低时对企业创新活动具有正向影响，支持锦标赛理论；工资差距提高到一定程度后，对创新活动产生抑制作用，适用于比较理论。在就业保护方面，现有文献对于就业保护与企业创新的关系尚未得到一致结论，Saintpaul（2002）构建理论模型分析解雇成本对创新的影响，推导出高解雇成本的国家倾向于改进生产工艺、节约成本的"二次创新"，降低世界范围内产品种类丰富的福利；Acharya 等（2013）则提出相反的观点，认为限制企业任意解雇员工的法律通过事前激励效应促进企业创新。Bradley 等

（2017）在理论上提出工会影响企业创新的两个待检验假设，其一，创新作为一种高风险活动，工会为员工提供防止恶意解雇的保障，有利于员工专注投入创新活动；其二，工会产生的劳动力成本"套牢问题"可能导致 R&D 投入不足，且工会对员工的保护作用也可能滋生怠工，实证研究结果支持第二种假设，工会选举后的三年时间内专利申请数量降低了 8.7%。在劳动力多样性方面，技能多样性、文化多样性对企业创新具有正向促进效应（Parrotta 等，2014；潘越等，2017）。

第三节　劳动力工资扭曲与企业创新相关研究

关于企业创新的影响因素，现有文献已经进行了较为充分的研究和论证，但是对劳动力工资扭曲与企业创新的关注仍然较少。深入考察劳动力工资扭曲对企业创新的影响是有效应对人口、经济以及国际国内环境变化的重要基础，也有助于丰富要素市场扭曲与企业创新领域的研究成果。针对劳动力工资扭曲如何影响企业创新这一问题，与之密切相关的现有研究可以分为三类：劳动力成本对企业创新的影响、要素市场扭曲对企业创新的影响、劳动力工资扭曲与企业创新的直接研究。

一　劳动力成本与企业创新

Romer（1987）指出较高的工资水平是诱致企业内生性创新的机制之一，劳动力成本上升对企业创新的促进作用得到大部分学者的认同，但也有文献基于不同国家实际情况对此展开不同的讨论。Kleinknecht 于 1994 年、1998 年、2000 年在荷兰国内刊发的文章认为，荷兰的"适度工资"政策导致工资增长缓慢，阻碍企业创新。Fase 和 Tieman（2001）对此提出质疑，他们认为，Kleinknecht 忽略了创新的全球性属性，荷兰作为跨国公司较多的国家，R&D 支出占 GDP 的比重不能有效衡量荷兰的创新活动，荷兰的国家规模和开放程度也决定了评估其工资制度必须考虑这两个因素，此外，他们还提出，在短期内低工资增加就业机会，可能导致需求导向型技术创新。Kleinknecht 和 Naastepad（2005）基于美国和荷兰数据，进一步探讨工资与创新的关系，发现尽管低工资产生高就业率，但也使得劳动生产率和创新能力较低的企业得以生存，阻碍熊彼特"创造性破坏"机制的发挥。Broadberry 和 Gupta（2006）研究发现，1500—1800 年之间，中国和印度发达地区的粮食工资与欧洲西北部相差不多，但白银工资远低于欧洲，而白银工资衡量可贸易商品和服务的购买力，也反映可贸易部门的生产率，近代欧洲和亚洲的大分流已经在 1800 年之前的白银工资差距中开始了。Andersson 等（2018）发现，在瑞典跨大西洋移民的主要时期 1867—1900 年之间，迁出的移民数量每增加 10%，到这一时期结束时，瑞典的专利数量将增加约 6%，他们认为劳动力迁出导致的劳动力成本上升是解释迁出移民与创新关系的重要原因。

国内文献中，张庆昌和李平（2011）较早提出了创新工资门槛假说，工资水平上升促进生产率和创新能力提高，但存在门槛效应；林炜（2013）借助内生增长模型和中国工业企业数据，理论推导并实证检验了劳动力成本上升对企业创新的激励效应（董新兴和刘坤，2016）；赵西亮和李建强（2016）进一步分析了这一效应的异质性，劳动力成本上升对企业创新的促进作用在东部地区、非国有企业、内资企业、资本密集型企业更为显著。贺建风和张晓静（2018）采用 2001—2015 年沪深 A 股上市公司数据，从创新质量、不同群体薪酬上升两个新的视角探讨劳动力成本与企业创新的关系，研究发现劳动力成本上升显著提升企业创新水平，并且对实质性创新（发明专利）的促进作用强于策略性创新（实用新型和外观设计专利），职工平均薪酬上升对企业创新的影响强于高管薪酬上升的影响。

此外，劳动力成本上升倒逼中国制造业企业结构升级（阳立高等，2014），就出口企业而言，对东部地区、劳动密集型、本土企业的倒逼作用更强（任志成、戴翔，2015），其中，技术创新是劳动力成本上升推动企业转型升级的重要途径（程晨、王萌萌，2016），诸竹君等（2017）也发现工艺创新效应是劳动力成本上升提升企业加成率的重要渠道之一。

二 要素市场扭曲与企业创新

1978 年以来，中国市场化改革遵循两条主线逐步推进：一是微观层次的让利放权和产权改革，二是宏观层次的体制改革和要素市场培育。微观层次改革通过激励机制的改进有效提高技术效率，产品市场基本实现了以价格为核心的运行机制，但改革过程中总体上呈现要素市场化进程远滞后于产品市场的特征。长期来看，要素市场扭曲阻碍资源在地区、行业、企业之间的自由流动，削弱市场机制的资源配置功能，导致价格信号无法准确传递真实的要素稀缺性信息，必然影响要素使用方式和企业创新活动的选择，造成资源配置低效和经济结构失衡（Hsieh、Klenow，2007；Jones，2011）。Huang（2010）指出，压低资本、劳动力和资源价格，人为地提高生产利润、增加投资回报，提高了中国产品的国际竞争力，促进经济高速增长，但同时带来了结构性风险恶化的结果。

国内文献中，张杰等（2011）较早开始了要素市场扭曲与企业创新的研究，借助樊纲等（2011）中国市场化指数，通过要素市场相对于产品市场或总体市场进程的滞后程度刻画地区要素市场扭曲，基于2001—2007 年中国工业企业数据，分析要素市场扭曲对企业 R&D 投入的影响，研究发现地区层面要素市场扭曲带来的寻租机会将抑制微观企业 R&D 投入。

关于要素市场扭曲与创新的相关研究，有一个重要的研究脉络，这一脉络的研究关注中国高技术产业，从宏观层面探讨要素市场扭曲对创新的影响效应，以戴魁早和刘友金（2016a）为代表。戴魁早和刘友金两位学者关于要素市场扭曲与创新的一系列研究，选取1997—2009 年中国各省份高技术产业面板数据为研究对象，认为张杰等（2011）构造的地区要素市场扭曲指标没有充分体现地区之间的差异性，因此采用标杆法测算地区之间各年份要素市场扭曲程度的相对指标：样本地区要素市场化指数最高值与各省份要素市场化指数的差额，占样本最高值的比重。以此为基础，戴魁早和刘友金（2015）分析了要素市场扭曲对 R&D 资本投入和 R&D 人力投入的影响，结果发现要素市场扭曲抑制了 R&D 资本投入，但提升了 R&D 人员投入，他们认为可能是资本和劳动力流动性的差异导致了这种现象，在劳动合同年限内劳动力的流动性低于资本流动性。戴魁早和刘友金（2016a）借鉴 Hsieh 和 Klenow（2007），构建了要素市场扭曲影响创新效率的垄断竞争模型，实证结果支持理论模型提出的要素市场扭曲抑制创新效率的命题。戴魁早和刘友金（2016b）从企业新产品产出、专利产出角度实证考察了要素市场扭曲对企业创新绩效的负向影响。

三 劳动力工资扭曲与企业创新的直接研究

直接考察劳动力工资扭曲与微观企业创新的文献较少，最为接近的一类文献是基于宏观省际面板数据，分别考察劳动要素市场扭曲和资本要素市场扭曲对创新的影响。李平等（2014）选取 1998—2012 年中国省际面板数据，以要素边际产出与要素价格的比值衡量资本和劳动力要素市场扭曲程度，研究结果表明劳动力市场扭曲和资本市场扭曲均显著抑制以全要素生产率衡量的技术进步。李平和季永宝（2014）以专利申请授权量衡量各地区自主创新活动的研究，也支持上述结论。李健和盘宇章（2018）采用 2000—2014 年中国省际面板数据，支持中国劳动要素市场扭曲和资本要素市场扭曲均抑制创新能力的结论。现有研究对劳动力工资扭曲影响企业创新传导路径的定性分析表明，劳动力工资扭曲阻碍创新人才的自由流动和就业选择，导致企业创新活动不可或缺的人力资本要素配置效率低下；造成新产品和新技术的有效市场需求不足，也将挤压劳动者的人力资本投资，这些因素均对企业研发创新活动具有负向影响（戴魁早、刘友金，2015）。

在劳动力工资扭曲对企业创新的异质性影响方面，现有研究发现企业规模、外向度以及经济绩效的提高有助于减少要素市场扭曲对创新的负面影响（戴魁早和刘友金，2016a），但是没有对企业所有制类型、行业特点对工资扭曲与企业创新关系的影响展开充分讨论，对于中国制度因素、市场结构以及产业发展现实背景下的企业异质性没有给予足够重视。罗知和刘卫群（2018）研究表明，劳动力工资扭曲程度在不同所有制企业之间存在较大差异，平均而言国有企业工资水平高于民营企业，工资扭曲程度低于民营企业。但对于创新投入、创新产出、创新效率的所有制差异，现有文献并未得到一致的研究结论。李春涛和宋敏（2010）基于世界银行的中国制造业企业调查数据，发现国有企业具有更高的创新投入和创新产出；刘和旺等（2015）借助中国工业企业 2001—2007 年数据，研究结果显示国有企业的创新投入和产出并未转化为更高的企业绩效。吴延兵（2012）、李长青等（2014）分别采用 1998—2003 年《中国科技统计年鉴》数据和 2005—2007 年中国工业企业数据，研究结果均支持民营企业的创新优势：相比于国有企业，民营企业在多数行业具有创新投入、创新产出和创新效率方面的优势。黄鹏和张宇（2014）实证研究发现，与国有企业相比，民营企业劳动力工资扭曲更严重地抑制其创新活动，但没有细致探讨产生这种现象的原因。

已有大量研究从技术程度（Frenkel 等，2001；许培源和张艳宝，2014）、产业政策（余明桂等，2016）、垄断程度（宗庆庆等，2015）、知识获取方式（刘景东等，2015）等不同视角研究了企业创新行为的行业差异，但尚未有文献考察行业要素密集程度对工资扭曲与企业创新关系的影响。傅允生（2013）提出要素密集程度与企业发展目标、价值链环节、经济带动效应等紧密相关，可以通过不同要素密集型行业的空间布局实现区域间经济协同发展；张晓玫和罗鹏（2015）、张万里和魏玮（2018）从理论和实证层面考察不同要素密集程度的产业集聚问题；鲁桐和党印（2014）借助上市公司数据实证检验了不同要素密集型行业中公司治理结构对研发投入影响的差异性。但劳动力工资扭曲对企业创新的影响在不同要素密集型行业中是否存在差异及其原因仍未可知。

第四节　本章小结

围绕劳动力工资扭曲与企业创新领域，国内外学者进行了深入研究并取得丰硕成果，为理解劳动力工资扭曲与企业创新的内在关系提供了丰富的理论支撑和有益的参考依据，但也存在以下有待完善之处。

第一，针对中国劳动力工资扭曲的测度，多数研究表明中国劳动力市场存在工资向下扭曲，但扭曲值具有较大差异，还有极少数文献认为劳动力工资水平高于边际产出。尽管通过对现有文献的梳理以及对工资扭曲测度模型、方法、变量指标的比较分析，可以得出中国劳动力工资水平低于边际产出的基本判断，但采取合理的测度方法、从不同数据层面客观评估中国劳动力工资扭曲程度、特征以及变动趋势是非常必要的。

第二，部分学者检验了劳动力成本对企业创新的影响，提供了工资上涨激励企业创新的重要证据和资料，但忽略了工资水平与劳动生产率存在差距的事实。劳动力成本上升对企业创新的促进作用可能是劳动生产率增长的结果，也可能是工资与生产率差距缩小的结果，有必要将工资与劳动生产率纳入同一框架进行分析。

第三，部分学者检验了整体要素市场扭曲对企业创新的影响，但从劳动力工资扭曲出发的深入研究相对不足。伴随经济转型和人口转型，劳动力市场扭曲造成的多方面经济成本越来越高，目前对劳动力市场扭曲研究的匮乏不利于深入、有效解读中国制造业创新能力不足的成因。劳动力工资扭曲是劳动力市场扭曲的核心特征，有必要针对劳动力工资扭曲对企业创新的影响展开系统研究。

第四，已有考察要素市场扭曲与创新关系的文献，大多基于中国市场化指数构造地区整体要素市场扭曲指标，或采用省级数据测算地区要素价格扭曲程度，两类指标均假定同一地区的企业面临相同的扭曲程度，忽略了微观企业的异质性。鉴于当前中国微观企业之间工资扭曲程度差异较大，将研究视角细化到企业层面，探讨劳动力工资扭曲对企业创新的影响具有重要现实意义。

第五，已有研究得到要素市场扭曲抑制企业创新的一致结论，但缺乏对内部机制的考察。部分学者定性归纳了劳动力工资扭曲影响企业创新的可能渠道，但尚未有文献对作用机制进行实证检验。为揭示劳动力工资扭曲影响企业创新背后的深层原因，有必要深入探究工资扭曲影响企业创新的作用机制。

第六，已有研究大多从企业规模、出口外向度、经济绩效等角度分析要素市场扭曲对企业创新的不同影响，鲜有文献从所有制类型、要素密集度视角进行异质性影响的检验。中国经济增长动能转换的关键时期，所有制性质、行业特点对劳动力市场和企业创新行为有着深刻的影响，细致考察不同所有制类型、不同要素密集型行业企业工资扭曲对企业创新的异质性影响及其背后原因是非常必要的。

针对已有文献的不足，本书基于中国劳动力市场上劳动报酬与劳动贡献不平衡的现实情境，对中国劳动力工资扭曲程度、工资扭曲与企业创新的关系、工资扭曲影响企业创新的内在作用机制，以及所有制类型和行业要素密集程度对工资扭曲与企业创新关系产生的影响进行更为严谨的理论分析和实证检验。

第三章　劳动力工资扭曲对企业创新
作用机制的理论分析

本章结合技术创新驱动理论、新增长理论以及人力资本理论等经典理论，根据 Hsieh 和 Klenow（2007）、张杰等（2011）、戴魁早和刘友金（2016b）等相关文献，对劳动力工资扭曲影响企业创新的内部机制展开系统、深入的理论分析，提出扭曲收益、人力资本、消费需求三条重要的理论传导路径，试图揭示劳动力工资扭曲影响企业创新的微观作用机制，为实证分析提供理论支撑。

第一节　劳动力工资扭曲、扭曲收益
机制与企业创新

一　扭曲收益机制的理论基础

诱致性技术创新理论是劳动力工资扭曲通过扭曲收益机制对企业创新产生影响的理论基础之一。Hicks（1932）首先提出"诱致性发明"的概念，其核心思想在于要素相对价格变化是发明创新的直接诱因，当一种要素相对于另一种要素更为稀缺时，将引起要素相对价格的变化，诱发节约昂贵投入要素的技术创新活动。但 Hicks 没有深入探讨诱致作用的机制过程，Ahmad（1966）在比较静态分析基础上引入创新可能性曲线，考虑资本和劳动两种投入要素，形成了"Hicks – Ahmad"诱致性技术创新的分析框架。Binswanger

（1974）进一步放宽 Ahmad（1966）固定研究预算假定，认为产品需求增长引发创新可能性曲线移动，投入要素相对价格变化诱致技术变迁沿着创新可能性曲线变动，并构建了数学模型，也称为"Hicks-Ahmad-Binswanger"诱致性技术创新理论，为解释农业技术变革与农业发展问题作出贡献。美国经济学家拉坦和日本经济学家速水佑次郎的研究发现，美国农业现代化的道路是机械化，而日本的道路是化肥、良种和水利，因为美国人少地多而日本人多地少，两国相对昂贵的投入要素分别为劳动力和土地，分别诱发了农业机械性技术进步和生物性技术进步模式。

诱致性技术创新理论从厂商理论发展而来，将技术变迁与资源禀赋相结合，强调要素资源稀缺性变化引起要素相对价格变动，进而诱致企业技术创新的过程。在当前中国人口红利逐渐消失与劳动力市场扭曲并存的情况下，工资扭曲阻碍企业基于要素禀赋结构变化内生的创新选择机制。张宇和巴海龙（2015）研究发现中国普遍存在的劳动力价格相对于资本价格的低估，严重扭曲要素成本和禀赋结构变化对产业结构升级、制造业价值链攀升的推动效应。

企业家精神是劳动力工资扭曲通过扭曲收益机制影响企业创新的第二个理论基础。关于企业家和企业家精神的定义，萨伊认为企业家的职能是将生产要素组合起来；马塔雅将企业家定义为接受利润的人；Knight（1921）强调企业家承担风险的属性；熊彼特（1990）把新生产方式、新要素组合等的实现场所称为企业，把实现新组合的人称为企业家，并将"企业家动机"描述为追寻私人王国的梦想、对财富和声望的渴望以及冒险和施展个人能力的快乐；Kirzner（1973）指出企业家善于发现市场机会的特征。尽管不同学者对企业家和企业家精神的表述有所不同，但是企业家精神所包含的追求财富、善于发现、冒险创新等内涵是基本一致的，企业家精神对技术创新、对经济增长的正向作用也被广泛认可。庄子银（2005）构建了一个内生经济增长模型，将企业家精神作为一种重要的投入要素，模型预期，长期视角下，相比于企业家精神微弱的经济体，培育了更强的企业家精神的经济体，在经济增长率和人均收入水平等方面表现更出色。

劳动力工资扭曲通过扭曲收益机制影响企业创新的第三个理论基础是技术推力理论。熊彼特认为，创新往往源自生产者行为的变化，经济系统中消费者需求引发创新的可能性较小，新技术和新知识的产生推动企业家实施创新活动。20 世纪 50 年代，战后经济复苏，经济增长依赖于工业扩张，大量新产业的出现源于新的技术革命，涉及众多国民经济领域的重要部门，这一时期，以熊彼特理论为基础的技术推力模型应运而生。技术推力模型指出，创新以基础研究为起点、以市场为终点，开始于科学研究，通过生产、销售环节逐步将新技术和新产品引入市场，如图 3-1。该模型强调，创新活动高度依赖于科学发展，科学研究成果是技术创新的源头，拥有较大规模研究团队的企业更具有创新优势，科研人员较少的小企业的创新门槛较高。

基础研究　→　应用研究　→　生产制造　→　市场销售

图 3-1　技术推力模型

熊彼特提出创新是建立一种新的生产函数，将生产要素和生产条件的新组合引入经济体系，生产者可以通过引进新产品、引用新技术、开辟新市场、控制原材料的新供应来源、实现企业的新组织等形式产生和推动创新（熊彼特，1990）。技术推力理论认为创新源于生产者行为变化，重视企业研发投入的作用，企业家精神的内核是创新，强调来自企业内部的创新动力。劳动力工资扭曲提供了通过劳动力成本优势获取超额利润的机会和空间，可能降低企业投资于研发创新活动的动力。

二　劳动力工资扭曲对扭曲收益的影响

中国劳动力市场改革进程相对滞后于产品市场，劳动力工资水平低于边际产出向下扭曲的现象非常普遍，造成这种现象的既有历史原因也有经济转型过程中形成的新原因。中华人民共和国成立初期，特定历史条件催生了重工业优先发展的战略，地方政府借助劳动力工资和边际产出的"剪刀差"获取资本积累，人为压低劳动力价格集中力量支持重工业发展，是形成劳动力市场扭曲的历史原因。

改革开放以来，在财政分权体制下，长期实行高投资、高增长模式，地方政府为促进辖区内 GDP 增长，有更大的激励通过降低劳动标准推动招商引资和经济发展，工资和劳动条件"向下竞争"方式成为地方政府之间吸引投资的策略手段（邵敏、包群，2012）。此外，谭洪波（2015）指出，制造业部门具有可快速转移特性，可从一个地区转移至另一地区并快速形成生产能力，这一特性是各级地方政府采取干预和控制生产要素价格以吸引产业投资和转移的动机与条件。

户籍制度造成的劳动力市场多重分割，加剧劳动报酬对边际产出的趋势性偏离。当前户籍制度仍然约束中国劳动力市场的发育程度，劳动力从农村向城市迁移、从欠发达城市向发达城市迁移，仍面对很多政策层面的限制，并且在医疗、教育、养老等基本公共服务方面，外来人员也无法享受与本地居民同样的福利。"资强劳弱"的格局以及地区间劳动力市场分割，均导致劳动者的工资水平、福利待遇等被相对压低，低于完全竞争市场的均衡值，由此降低企业的生产成本，企业因劳动成本低于劳动贡献而获得额外的经济租金——扭曲收益，创造并增强了企业生产经营中的低成本优势。

事实上，长期以来，工资水平低于边际产出向下扭曲是中国劳动力市场的显著特征（王宁、史晋川，2015）。本书第 2 章关于劳动力工资扭曲程度的文献梳理，以及对工资扭曲测度数据、方法、指标的比较分析，可以得出中国劳动力工资水平低于边际产出的基本判断。本书第 5 章从微观企业和个体劳动力层面采用不同方法对工资扭曲程度的测算，支持上述文献的发现。采用 1999—2007 年中国工业企业层面劳动报酬数据计算所得的工资扭曲程度，工资向下扭曲的企业比重为80%左右，即使考虑到工业企业数据库可能对劳动报酬存在低估，按照国家统计局投入产出表报告的劳动收入占比对微观企业劳动报酬进行调整后，工资向下扭曲的比重仍达到73%，支持中国劳动力市场以工资向下扭曲为主的结论。已有文献与本书的测度结果均表明，中国劳动力工资水平低于边际产出的距离，最终形成企业之间不同程度的扭曲收益。基于这样的认识和理解，本书主要以工资低于边际产出向下扭曲的企业样本为研究对象，对劳动力工资扭曲对企业创新作用机制的理论分析也从工资向下扭曲的角度出发。

三　扭曲收益对企业创新的影响

劳动力工资扭曲带来的扭曲收益对企业创新的影响主要体现在价格信号、企业家动力两个方面。从价格信号的角度来看，价格机制是市场在要素资源配置中起决定作用的关键，完全竞争市场中生产要素价格反映经济体的要素资源禀赋条件，要素价格的变动引起要素供求关系的变化，引导企业要素投入结构随着资源禀赋条件的变化而变动，进而诱致企业技术变迁。这其中，生产要素市场对要素资源条件传递出正确的价格信号，是市场自发引致企业技术变迁的必要条件（都阳，2013）。劳动力工资扭曲导致劳动力价格长期处于被压低的状态，无法准确反映中国劳动力资源稀缺性的变化，传递出扭曲的价格信号，阻碍劳动力价格变动引致创新需求的作用，削弱市场机制对要素投入和创新资源的配置功能，降低当前劳动年龄人口逐渐减少对创新的自发促进效应（蔡昉，2010；韩平、吴呈庆，2012）。劳动力工资扭曲还将影响企业进入、退出的市场选择机制，给低效率企业提供了生存空间（李鲁等，2016），延缓劳动密集型产业的衰退演化进程，形成对劳动密集型行业、劳动密集型生产环节的过度吸引，造成生产活动长期被锁定在附加值较低的低端环节，最终形成非市场化的资源错配格局，限制企业研发创新活动（罗德明等，2012；张宇、巴海龙，2015）。

从企业家动力的角度来看，通过压低劳动力价格获得的扭曲收益将削弱企业的技术推力作用和企业家创新精神。企业研发活动容易受到外部融资短缺的约束，内部资金是创新投资的主要融资渠道（张璇等，2017）。劳动力工资扭曲通过相对节约等量同质劳动力成本而使企业获得扭曲收益，增加企业可用于研发创新的内部资金，因此工资扭曲可能通过减轻企业创新融资压力对研发创新活动产生正向作用，或通过引进先进设备、生产线、新产品种类等方式加速技术变迁过程。然而，在劳动力工资向下扭曲的现实环境中，企业家面临选择增加投入成本低于贡献的劳动要素，还是选择通过研发创新提升生产率和竞争力来追求超额利润的问题。根据新古典主义经济理论，生产要素价格与边际产出相等时实现均衡，当劳动力市场处于扭曲状态时，劳动要素的相对稀缺程度不能完全被价格所反映，企业将通过减少其他要素投入、扩大相对价格较低的劳动力资源的使用规模实现利润最大化（Hicks，1932）。人为压低劳动力价格造成的工资扭曲给企业提供了依靠成本优势、维持原有技术和管理水平下的获利机会，引发企业的技术革新惰性（陈晓华、刘慧，2015），导致企业扩大劳动力要素的使用规模，更不倾向于通过高投入、高风险的研发创新活动追求利润空间。长期如此，逐渐加剧企业对要素低成本优势的偏好和依赖，更加依靠基于要素投入规模的粗放发展模式，没有动力从事研发创新活动，由此循环衍生并加重的劳动力市场扭曲，将形成对经济高质量发展、可持续发展的长期性危害（周一成、廖信林，2018）。

第二节　劳动力工资扭曲、人力资本机制与企业创新

一　人力资本机制的理论基础

劳动力工资扭曲通过人力资本影响企业创新的理论基础为新增

长理论和人力资本理论。新增长理论中，Arrow（1962）首先建立"干中学"模型，考察技术进步的来源，以"边干边学"方式将技术进步内生化。1986 年罗默在《收益递增与长期增长》文中构建了一个技术变化内生、竞争均衡的长期增长模型，将知识作为一种边际生产率递增的要素，并能促使其他生产要素获得递增收益，从而推动规模收益递增的经济增长模式。Lucas（1988）直接将人力资本等内生技术变化因素引入经济增长模型中，为人力资本的量化研究奠定基础。

人力资本理论认为劳动力是一国经济社会发展最重要、最能动的生产要素资源，Schultz（1975）指出，劳动者的知识程度、技能水平、工作能力、经验及健康状况是构成人力资本的关键性内容。人力资本积累可以通过接受学校教育的系统学习方式、"干中学"或接受企业培训的专项训练方式实现，前者称为人力资本的内部效应，后者为外部效应（Lucas，1990）。其中，在职培训可分为一般培训和特殊培训，一般培训指适用范围广的通用性人力资本投资，特殊培训是与提供培训企业生产环节相适应的专用性人力资本投资，在提供培训企业之外这类人力资本的贬损程度较高（Becker，1964）。生产能力和配置能力是人力资本所包含的重要特质，生产能力体现为，给定相同的其他生产要素，人力资本水平更高的劳动者与相同生产要素结合，能够生产更多产品，具有更高的生产率（Welch，1970）；配置能力体现为，劳动力可以根据环境改变信息自动调整人力资本配置状态，如根据工作稳定性、报酬合理性等状况做出工作转换决策、调整人力资本利用程度和自身努力程度的决策（陈凌、姚先国，1994）。人力资本水平越高，生产能力和配置能力越强。

二　劳动力工资扭曲对人力资本的影响

劳动力工资扭曲对企业人力资本的影响可分为对人力资本投资和人力资本结构的影响。在人力资本投资方面，从企业角度来看，劳动力工资扭曲为企业提供了通过劳动力成本优势获得利润空间的途径，企业更倾向于粗放式密集使用劳动力资源，重视劳动力规模而不注重人力资本质量，降低对员工人力资本的投资和培养动机。工资扭曲程度相对更高的企业，对员工吸引力不足、雇佣关系不稳定，考虑到员工离职会侵占企业培训投资的部分预期收益，更加使得工资高扭曲企业投资培训在职员工的激励严重缺失（孙早、侯玉琳，2019），不利于形成推动企业创新的人力资本水平。从劳动者角度来看，个体人力资本投资决策是理性权衡自身成本与预期收益的结果，内生于劳动力市场环境（刘瑞明等，2017）。其他条件不变时，劳动力工资扭曲会相对降低平均工资水平，进而降低劳动者的预期收益。当潜在劳动者的预期收益难以弥补自身成本时，更不愿选择高水平的人力资本投资决策（Falvey 等，2010）。才国伟和刘建雄（2014）利用世代交叠模型的理论推导，结合 OECD 国家的经验证据，研究发现，中国劳动报酬与人力资本的不匹配加重劳动者的收入风险，存在收入风险时家庭教育投资决策低于社会最优投资水平，阻碍经济体的人力资本积累。对于低收入群体而言，劳动力工资扭曲使其劳动报酬低于本就不高的劳动力边际产出，加剧劳动者收入约束对自身及子代教育投资的挤压效应，长期来看阻碍人力资本的形成和积累（张锦华、吴方卫，2007；李平、季永宝，2014；钞小静、沈坤荣，2014）。

在人力资本结构方面，社会总人力资本水平给定的情况下，相对报酬结构决定人力资本在不同行业、不同部门、不同企业之间的流动配置（纪雯雯、赖德胜，2018）。基于企业劳动报酬水平的相对位置，劳动力会利用资源实现自身人力资本由相对报酬较低的场所、状态向更高报酬方向转移（马红旗、王韧，2014）。当劳动者的人力资本水平及劳动生产率与企业支付的劳动报酬相匹配时，双方愿意维持雇佣关系稳定不变；当企业支付的劳动报酬相对于人力资本和生产率偏高时，企业更可能去寻找相互匹配的劳动者；当劳动报酬低于人力资本和生产率应得水平时，劳动者将主动寻求转换工作（Mortensen，2011；邵敏、武鹏，2019）。换言之，劳动者倾

向于从工资高扭曲企业流向工资低扭曲企业，以获得相对更为合理
的劳动报酬，即使在劳动力市场扭曲状态下，也存在趋向于低扭曲
方向的劳动力流动。尤其对于稀缺的高技能劳动者，他们在劳动力
市场拥有更多就业机会，得不到与劳动贡献相对应的工资报酬时，
更有能力重新配置自身人力资本利用状态。由此，工资扭曲程度较
高的企业出现高人力资本流失的现象。

三　人力资本对企业创新的影响

以罗默、卢卡斯等人为代表的新增长理论将知识、人力资本等
内生技术变化因素引入经济增长模型中，强调知识和人力资本具有
边际生产率递增的特性，是技术进步和经济增长的"发动机"。人
力资本与企业创新活动具有紧密联系，借鉴人力资本理论，本节从
人力资本的生产功能、知识效应两个方面阐述人力资本对企业创新
的影响。

人力资本的生产功能包括要素功能和效率功能两部分（冉茂
盛、毛战宾，2008）。人力资本是企业生产、经营、创新等活动中
必不可少的投入要素，不同于物质资本等其他要素，人力资本收益
递增的特征决定其对企业生产率、竞争力的关键作用（Lucas，
1988）。高人力资本劳动者聚集在一个企业，不仅自身具有较高的
生产率，还将提高整体劳动生产率以及其他生产要素的效率（Mor-
etti，2004）。一方面，高人力资本在知识、技术、信息等方面的交
流能够产生外部性，推动企业整体劳动生产率提高（Duranton、Pu-
ga，2003；Rosenthal、Strange，2004；梁文泉、陆铭，2016）。另一
方面，高人力资本劳动者与先进设备、技术等要素具有互补性，能
够促进其他生产要素使用效率的发挥（Barro 等，1996；张国强等，
2011）。

人力资本的知识效应具有层次性，强调人力资本梯度升级的正
向作用（袁富华等，2015）。吴建新和刘德学（2010）基于中国
1985—2005 年省际面板数据，实证研究发现在中国人力资本结构
中，只有高等教育学历人力资本对 TFP 具有显著促进作用。高人力

资本推动中国制造业价值链升级的关键原因在于促进了技术成果的转化（耿晔强、白力芳，2019）。Nonaka 等（2006）认为创新的本质在于将内隐知识转化为外显知识，人力资本作为分散的、动态的、不规则的隐性知识的重要载体（张萃，2019），其所具有的稀缺而独特的知识转换能力在多种创新要素互动演化过程中发挥不可替代的作用。劳动者的人力资本水平越高，学习、吸收、创造知识的能力越强（Wright 等，1994；卢馨，2013），即人力资本积累是促进企业创新活动的核心要素（Earl，2001；Mckelvie、Davidsson，2009；Cinnirella、Streb，2017），尤其是新一轮信息革命带来产业技术路线革命性变化和商业模式突破性创新，对劳动力技能水平和信息素养的要求越来越高，人力资本的重要性尤为突出。

国内众多学者通过理论分析和实证检验支持人力资本对企业创新的促进作用。胡凤玲和张敏（2014）基于动态资源理论的研究认为人力资本通过知识创造过程发挥对企业创新绩效的正向作用；王少国和潘恩阳（2018）构建了世代交叠模型（OLG），从理论上探讨人力资本与企业创新互动机制，认为二者之间存在协同互补效应，人力资本积累有助于促进企业创新，创新能力强的企业也具有对人力资本积累的激励作用。孙文杰和沈坤荣（2009）、钱晓烨等（2010）分别利用中国行业面板数据和省际面板数据实证检验了人力资本对创新水平的正向影响；张宽和黄凌云（2019）基于2005—2015 年城市面板数据研究表明人力资本积累显著促进地区自主创新能力的提升，并且人力资本对创新的影响程度大于贸易开放；罗勇根等（2019）利用个体创新数据和空气质量指数发现空气污染增加人力资本流出的可能性从而降低地区创新活力；李建强等（2019）利用教育扩招政策设计准自然试验，发现扩招带来的人力资本正向冲击显著推动企业创新数量和质量提升。

第三节　劳动力工资扭曲、消费需求
机制与企业创新

一　消费需求机制的理论基础

需求拉力理论是劳动力工资扭曲通过消费需求机制作用于企业创新的理论基础。新技术和新知识的出现，会激发企业家寻找商业机会以实现它们的市场价值，很多根本性创新确实来自于技术推力，但技术推力模型过于强调科学研究对创新的重要性，忽略了技术转化机制以及市场需求等经济因素，无法解释为什么有些科技成果没有转化为技术创新进而实现商业化。20世纪60年代中期以后，很多国家经济增长速度趋于缓慢，就业机会也基本保持稳定，技术变革从爆发式走向合理化，技术创新越来越关注市场需求的拉引作用。由于企业技术创新成果最后要接受市场检验，如果只强调研发投入而忽视市场需求导向，技术研发可能面临与市场脱节的风险，无法实现研发成果的市场价值。市场需求对技术创新的拉力作用，主要体现在两个方面：一是市场范围的扩展，企业希望通过创新活动创造更多细分市场、占领更大的市场份额、拥有更强的市场竞争力；二是原材料成本带来的影响，原材料成本上升刺激企业进行研究开发，以减少相对价格较高的原材料的用量。市场需求是创新设想的源泉，为企业产品创新和工艺创新创造了机会，激发企业通过可行的技术方案与研发活动扩大市场范围、降低生产成本。需求拉力模型认为，技术创新是市场需求导向产生的结果，企业根据市场需求进行研究开发，进而向生产和销售环节逐次推进，最终形成市场需要的新产品和新工艺，市场需求在创新过程中发挥关键的作用，如图3-2所示。市场需求引发的创新大多属于渐进性创新，这一类创新风险较小，成本相对较低，具有重大的商业价值，有助于降低生产成本或创造细分市场，提高创新企业的生产效率和竞争能力。

　　创新本质上是一种经济活动，追求预期收益，预期收益取决于市场预期销售额，因此市场消费需求决定了企业家创新努力的配置，决定哪一种发明创造进入市场（Schmookler，1966）。中国劳动力市场扭曲的特征主要表现为劳动力工资水平低于边际产出，导致居民实际收入低于均衡状态下的收入水平，对新产品和新技术的市场需求规模和需求层次产生负向影响。

图 3-2　需求拉力模型

二　劳动力工资扭曲对消费需求的影响

　　在中国经济转型的发展阶段，依赖高储蓄、高投资和高外部需求的增长模式在促进经济高速发展的同时，也造成了经济结构不合理、要素价格扭曲、国内需求不足等深层次矛盾。白重恩和钱震杰（2009）指出，中国劳动收入占比与发达国家相比处于较低的水平，这很可能是中国消费低迷的重要原因。作为发展中国家，中国居民财产性收入较为缺乏，居民收入主要来源于劳动报酬（詹新宇等，2014），劳动收入边际消费倾向也高于资本收入边际消费倾向（文雁兵、陆雪琴，2018），消费需求与劳动收入占比具有正相关关系（方福前，2009）。企业劳动报酬与边际产出的差距是宏观层面劳动收入占比偏低的微观原因，工资向下扭曲的情况下，劳动力收入水平低于潜在均衡值，通过收入—消费机制作用于居民消费需求。劳动力价格被低估相对而言减少劳动者的可支配收入，理性消费者会选择收紧家庭预算约束，减少家庭消费支出，居民的消费水平受到限制，将缩小更高质量的新产品的市场需求，造成有效需求规模和需求层次整体偏低。

　　邹红和喻开志（2011）在新古典理论框架下构建了收入分配与

消费的理论模型，并借助中国1990—2008年省际数据，为劳动收入占比偏低导致中国总体消费不足的观点提供了理论和经验证据，尤其农民工、中低收入群体工资水平增长缓慢，造成突出的抑制消费需求的效应。陈建宝和李坤明（2013）基于1997—2009年省际数据，指出这一时期中国农村居民仍以生存型消费为主，对享受型和发展型消费的支付能力有限。潘烜等（2013）借助2009年上海农民工调查数据，发现样本农民工月消费支出占收入的比重约为33%，恩格尔系数仍达到46%，整体而言消费层次处于偏低的水平。高帆和汪亚楠（2016）利用1992—2013年中国省际面板数据，借鉴盖庆恩等（2013）的方法，根据农业部门与非农业部门内部劳动力投入与产出的匹配程度刻画劳动力市场扭曲，实证结果表明劳动力市场扭曲程度的增加通过城乡收入差距扩大城乡消费差距，在经验上印证了劳动力工资扭曲对居民消费需求的负面影响。

此外，从消费理论的角度来看，生命周期假说和持久性收入假说以消费者效用最大化为基础建立消费函数，认为当期收入是影响消费的因素之一，将即期消费决策推广到跨期决策，但消费的跨期替代要求较为完善的金融信贷市场，否则消费者面临流动性约束，因而当期收入仍是决定消费的主要因素（Flavin，1981）。在以上理论的基础上，Campbell和Mankiw（1991）提出消费的λ假说，消费函数既受到持久收入的影响，又保持对当期收入的敏感性。劳动力工资扭曲导致居民当前收入相对低于劳动力边际产出，还将使得持久收入风险增大，降低居民预期收入，导致消费需求低迷（徐长生、刘望辉，2008）

三　消费需求对企业创新的影响

需求拉力理论认为，市场需求是创新思想的源泉，企业以市场需求为导向进行研究开发（Schmookler，1966；Lancaster，1966）。一项科学发现可能包含很多潜在的发明创造，但能否转化为新产品和新技术取决于市场预期收益，只有市场蕴含的消费需求规模和需求层次达到一定程度，企业家才有足够的激励和意愿增加创新投资

（陈丰龙、徐康宁，2012），有效市场需求不足将减少企业家的创新活动。

市场需求规模和需求层次是创新发生机制的重要元素（范红忠，2007），需求规模从分摊固定成本、降低市场风险、形成有利的市场结构三个方面对企业创新产生影响：第一，创新活动需要企业投入大量资金，只有当市场有效需求规模足够大时，才能分摊新产品的高固定成本，创新投资才能通过市场最终转化为创新收益（Edler、Georghiou，2007）；第二，创新本质上是一种高风险投资，新产品最终要面对消费者，有效需求规模意味着潜在利润的大小，从根本上决定创新成功概率，降低创新的市场风险，激发创新动力（安同良、千慧雄，2014）；第三，新技术的应用和推广也将伴随市场需求规模扩大而加速，使企业有利可图，吸引大批创新模仿者进入市场，有助于打破垄断、形成竞争性市场结构，创造长期有利的创新环境（Cook、Uchida，2008）。需求层次提高意味着对低端产品的需求基本得到满足，家庭恩格尔系数降低，对需求收入弹性高的产品和服务的需求量增加。高质量、创新性、个性化的产品一般属于需求收入弹性较高的产品类别，需求层次提高也就是消费者对这些非生活必需品的支付意愿增强，能够为新技术、新工艺、新产品创造有效市场需求（Zweimuller、Brunner，2005）。

现有大量文献从市场需求视角阐释创新行为的动机。杨以文和郑江淮（2013）将市场需求与企业家精神并称为影响创新的最关键因素；张赤东和王元（2014）通过对国家级创新企业的实地调查，认为当前驱动中国企业创新的前三位动机依次为市场需求、技术推力、政策因素，市场需求成为企业创新的主导驱动因素；董鹏刚和史耀波（2019）利用2004—2016年省际面板数据，证明了市场需求具有对创新数量（研发投入）和创新质量（创新效率）的双重促进作用。还有部分学者从市场需求视角探讨收入分配对技术创新的影响（王俊、刘东，2009；李子联、朱江丽，2014）。

第四节　劳动力工资扭曲对企业创新
作用机制的综合分析

技术推力理论认为创新源自生产者行为的变化，强调企业研发投入的重要性，但无法解释为什么有些科技成果没有转化为技术创新；需求拉力理论关注市场需求对发明创造能否实现市场收益的作用，但如果只考虑市场需求因素，可能导致企业忽视长期研发项目，限制推动根本性创新的技术变革；诱致性技术创新理论从资源禀赋视角描述要素相对价格变化诱致企业技术创新的过程；企业家精神强调善于发现、冒险创新的精神内核，重视来自企业内部的创新动力；人力资本理论和新增长理论关注劳动力这一最基本和最活跃的生产要素，强调其所蕴含的人力资本在知识创造和转化过程中所发挥的重要作用。企业创新是一个动态、复杂的过程，在企业不同发展周期、创新环节以及不同外部环境下，对各个因素的侧重有所不同，但这些因素无法分割和独立，以不同视角共同组成影响企业创新的系统运行机制。

基于上述经典理论与相关文献，本章系统论证了劳动力工资扭曲影响企业创新的扭曲收益机制、人力资本机制、消费需求机制三条内在传导机制。劳动力工资扭曲还可能存在对企业创新的部分直接影响。户籍制度、社会保障制度造成的劳动力市场城乡二元分割、地区分割等仍然是形成劳动力工资扭曲的重要原因，也严重阻碍劳动力资源在城乡之间、区域之间、行业之间、部门之间的有效流动，人为增加劳动力流动成本和障碍，不同技能水平和创新能力的劳动者无法按照市场机制自由流动，妨碍劳动要素资源的有效配置，造成企业要素配置效率以及创新活动效率的损失，导致企业R&D投资的投入产出效率降低，无法获得市场均衡状态下的创新收益，进而在一定程度上挤出创新投资（戴魁早、刘友金，2015）。

张杰等（2011）发现，在要素市场扭曲程度越深的地区，对 R&D 投入的抑制效应越大。图3-3展示了劳动力工资扭曲影响企业创新的作用机制图，为实证分析提供理论依据和支撑。

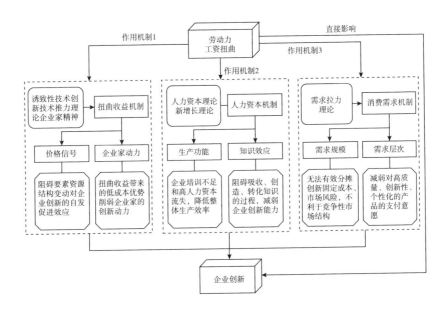

图3-3　劳动力工资扭曲影响企业创新的作用机制

第五节　本章小结

本章基于诱致性技术创新理论、技术推力理论、需求拉力理论、企业家精神等技术创新驱动理论，以及人力资本理论和新增长理论，构建了劳动力工资扭曲影响企业创新的理论机制，得到以下三条重要作用机制。

第一，扭曲收益机制。中国劳动力市场的工资扭曲以工资水平低于边际产出的工资向下扭曲为主，劳动力价格的相对低估为企业提供了扭曲租金，一方面导致企业观察到的价格信号与真实的禀赋条件错位，阻碍要素资源结构变动对企业创新的自发促进效应，另一方面扭曲收益带来的低成本优势削弱企业家的创新动力。

第二，人力资本机制。劳动力工资扭曲使得企业依赖劳动力规模而不注重人力资本质量，减弱企业对员工的培训激励；工资扭曲相对降低劳动者的预期收益，挤出个体人力资本投资；工资扭曲程度高的企业还将面临人力资本流失的问题。由此降低企业整体生产效率，阻碍学习、吸收、创造、转化新知识的过程，降低企业自主创新能力。

第三，消费需求机制。劳动力工资扭曲相对而言降低劳动者的可支配收入，理性消费者将收紧家庭预算约束，减少家庭消费支出，造成需求规模和需求层次整体偏低，无法有效分摊创新投资的固定成本和市场风险，不利于形成竞争性的市场结构，减少对高质量、创新性、个性化的产品的市场需求。

第四章 中国劳动力市场与企业
创新的现实考察

在构建劳动力工资扭曲影响企业创新理论机制的基础上，对理论分析进行实证检验之前，为进一步贴近中国实际，更好地理解研究对象的历史背景和现实状况，本章对劳动力市场及企业创新行为的基本现状、特征规律进行详细的统计描述与分析总结。第 1 节对劳动力市场发展历程进行梳理、归纳和分析；第 2 节基于宏观数据，对劳动力资源状况、城乡收入差距、行业工资差距、所有制工资差距进行统计描述与分析；第 3 节从企业创新意识、创新投入、创新产出方面探讨中国企业创新的现状、特征及存在的问题；最后 1 节为本章小结，归纳主要研究发现。

第一节 中国劳动力市场发展历程

一 计划就业时期（1949—1977 年）

中华人民共和国成立后的前三十年，实行重工业优先发展的计划经济体制，构建了配合经济赶超战略目标的计划就业体制，集中有限资源优先保障工业化发展。计划就业体制主要包含三个核心特征。第一，对于城镇劳动力和大中专以上毕业生，国家统一包下来，运用行政手段，按照国家经济发展计划和劳动力资源配置计划统一分配就业岗位，即统包统配制。这一时期，国有部门和集体经济部门是吸纳城镇劳动力的主要单位，劳动者依附于国家统一安排的就业岗位，成为固定工，个人不能随意改变就业单位和就业岗位，单位也无权解雇劳动者，劳动力的配置由国家统一调度。第二，对农村劳动力采取"自然就业"方式，农村户籍人口到达规定的劳动力年龄，自然成为户籍所在地人民公社的社员。第三，严格限制城乡劳动力流动。1958 年 1 月确定的户口登记条例，严格限制农村劳动力向城市、向其他区域的流动。粮票、布票等生活必需品的票证制度配合户籍制度，进一步约束农村劳动力流动和迁移。这一时期国家通过计划就业体制实现对劳动力资源的统一调配，集中力量发展重工业，该体制也存在冗员、隐性失业、劳动力主观能动性不强、配置效率低下等明显弊端。

二　双轨制就业时期（1978—1991 年）

党的十一届三中全会做出改革开放的重大决策，开始逐渐打破计划经济体制，改革之路在不断探索中推进，配合经济体制改革，这一时期的就业以双轨制就业体制和适度放宽城乡劳动力流动限制为主要特征。1980 年全国劳动就业工作会议通过了《进一步做好城镇劳动就业工作》文件，决定实行劳动部门介绍就业、自愿组织起来就业和自谋职业相结合的就业方针；1984 年通过了《中共中央关于经济体制改革的决定》，将增强企业活力作为经济体制改革的中心环节，进一步扩大国营企业自主权；1986 年 10 月在全国范围内推广实施劳动合同制，开始打破统包统配的计划就业体制，根据"渐进增量、双轨并行"的改革思路，实行了固定工制度与劳动合同制度的双轨制就业体制。另一方面，家庭联产承包责任制的制度安排提高了农业生产效率，农村出现富余劳动力。这部分劳动力首先在农业内部从种植业向林业、牧业、渔业等农业行业转移，伴随国家鼓励乡镇企业发展以及对农村劳动力流动管控的松动，农村富余劳动力逐渐向乡镇企业和向城镇转移。双轨制就业体制的历史定位在于实现从计划就业向市场配置的平稳过渡，避免激荡的波动和混乱，为推进劳动力资源的市场化配置提供缓冲。

三 市场化配置全面展开时期（1992—2001 年）

1992 年中国确立了社会主义市场经济体制，1993 年《劳动部关于建立社会主义市场经济体制时期劳动体制改革总体设想》明确提出劳动工作要以培育和发展劳动力市场为中心，中国进入全面展开劳动力市场化配置的时期。1995 年《劳动法》在全国范围内开始实施，要求通过劳动合同确定劳动关系，全面取消国家的统一调度，归还企业用工、劳动者就业的自主权，采用市场机制配置劳动力资源。90 年代，非公有制企业蓬勃发展，但国有企业面临严重的亏损和冗员问题，为摆脱困境，实行兼并重组、主辅分离等措施改革国有企业资本结构，实行下岗分流、分离办社会职能等降低国有企业承担的社会负担。政府通过再就业工程，帮助下岗员工提高技能水平、转变就业观念、增强就业能力，实现再就业。关于城乡劳动力流动，2001 年《关于推进小城镇户籍管理制度改革的意见》提出，小城镇户籍管理制度改革要有利于加快农村富余劳动力的转移，户籍制度层面对城乡劳动力流动的限制得到很大程度的放松。

四 市场快速壮大和规范化时期（2002—2012 年）

受 20 世纪 90 年代末亚洲金融危机、国有企业下岗潮、农村富余劳动力流动加快"三碰头"的冲击，21 世纪初期，中国面临严峻的就业压力。2002 年 9 月，中共中央、国务院下发《关于进一步做好下岗失业人员再就业工作的通知》，针对当时就业形势特点，以扩大就业为主要目标提出系统性的积极就业政策。在这之后，中国加入世界贸易组织（WTO）的效应逐渐显现，中国凭借丰富廉价的劳动力资源迅速成长为"世界工厂"，广泛参与经济全球化分工，承担大量附加值较低的加工、装配工作，极大地促进了民营企业的发展，形成对劳动力资源的强劲需求，甚至部分加工制造业聚集区出现区域性"民工荒"现象。相应地，这一时期针对劳动力流动的政策发生根本性逆转，国家采取多种措施努力推动农村劳动力在城乡之间、区域之间、部门之间的流动，并强调农民工在城市的平等就业。2004 年 1 月，《中共中央国务院关于促进农民增加收入若干政策的意见》指出，"进城就业的农民工已经成为产业工人的重要组成部分"，同年3月劳动和社会保障部制度了《最低工资规定》，相比1994年的《企业最低工资规定》，2004年的规定同时制定了小时工资标准，对低收入劳动者的保障力度更强。2008年1月开始实施《劳动合同法》，以法律形式强制规定实施劳动合同制度。

此外，1999年中国高等教育开始扩招，伴随经济高速增长而来的"民工荒"与"大学生就业难"问题在这个时期同时存在，就业的结构性问题凸显。2005年11月，国务院下发《关于进一步加强就业再就业工作的通知》，在2002年政策的基础上确定了新一轮积极就业政策体系，2008年1月开始实施的《就业促进法》，则将行之有效的积极就业政策规范化、法制化。完善劳动力市场制度建设、采取积极就业政策配合劳动力市场促进就业，是这一时期就业工作的核心特征。

五　更高质量更充分就业新时期（2013年至今）

"十二五"时期以来，劳动力市场及经济运行中诸多深层次矛盾逐渐凸显，经济、政治、社会等各方面的改革难度陡增，2014年5月习近平总书记正式提出中国经济步入新常态。同时，中国人口结构也发生深刻的转变，根据1991—1992年《中国统计年鉴》，在1990—2018年之间，15—64岁劳动年龄人口绝对数量在2013年达到峰值100582万人，此后劳动力供给呈逐渐下降的趋势，无限供给时期成为过去。以往依靠劳动力规模红利的经济增长模式难以持续，必须适时向劳动力质量红利转化，通过投资人力资本、激活劳动力积极性创造性实现劳动生产率的提升。劳动力资源日益稀缺的条件下，应着力破除妨碍劳动力在区域间、部门间、行业间、阶层间的流动障碍，真正发挥市场对劳动力资源配置的决定性作用。党的十九大提出实现更高质量更充分就业的重大目标，提高就业质量成为就业领域的关键议题之一。

第二节　中国劳动力市场的现状分析

改革开放以来，丰富的劳动力资源为中国经济高速增长发挥了重要的支撑力量，但伴随计划生育政策的长期实施以及养育成本的上升和生育观念的变化，中国人口结构发生深刻变动，人口转型可能成为一种长期化趋势，这也是本书的重要现实背景，在不同劳动力供给阶段，劳动力工资扭曲带来的经济后果以及需要优先解决的问题可能存在区别，清晰把握劳动力资源的状况特征和变动趋势是非常必要的。与此同时，经济转型过程中的诸多制度性障碍造成了劳动力市场多重分割，城乡之间、行业之间、所有制企业之间的收入不平等现象凸显，也是中国劳动力市场扭曲的外在表现。本节从劳动力资源状况、城乡收入差距、行业工资差距、所有制工资差距四个方面描述分析劳动力市场的现状特征与变动趋势。

一　劳动力资源状况

（一）劳动力数量

图 4-1 面积图显示，1990—2018 年之间，中国总人口从114333 万增长到139538 万，人口绝对数增加了 25205 万人，相对增长了 22.05%，年均增长率为 0.71%，处于缓慢增长态势[①]。在此期间，15—64 岁劳动年龄人口的绝对数呈现先增后减的特征，从1990 年 76306 万人持续增长到 2013 年 100582 万人，此后年份劳动力供给出现逐年下降，降至 2018 年 99357 万人，与 2013 年相比降幅为 1.22%，年均下降率为 0.24%。图 4-1 的折线图展示了劳动年龄人口占总人口比重的变化趋势，从 1990 年 66.74% 增长至 2010年 74.53%，20 年间上升了 7.79 个百分点，在 2010 年之后，劳动

---

① 22.05% =（139538-114333）/114333；0.71% =（139538÷114333）$^{1/28}$-1。年均增长率 m 的计算公式：m =（B÷A）$^{1/(n-1)}$ -1，其中 B 为期末值，A 为期初值，n 为样本区间的年数。下文均采用该公式计算年均增长率。

年龄人口占比出现持续性回落，至 2018 年降低到了 71.20%。从劳动年龄人口的绝对值来看，在 2013 年达到峰值，劳动年龄人口占比在 2010 年抵达最高点，时间相对提前，都反映了劳动力供给下降的趋势，中国已从劳动力无限供给的阶段逐渐转向劳动力资源相对稀缺的阶段。

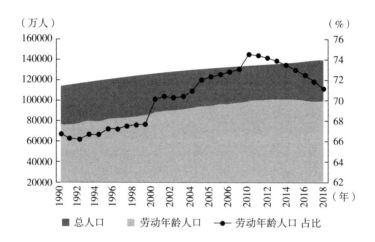

图 4-1　1990—2018 年中国总人口、15—64 岁劳动年龄人口变动趋势

注：面积图表示总人口数和 15—64 岁劳动年龄人口数（主坐标轴），单位为万人；折线图表示劳动年龄人口占总人口的比重（次坐标轴），单位%。

资料来源：《中国统计年鉴》（2019 年）。

（二）劳动力质量

在人口年龄结构转型导致劳动力供给逐渐减少的背景下，如何从人口规模红利转向人口质量红利是当前极为重要的研究内容。表 4-1 和表 4-2 分别汇报了 1996—2018 年中国 1‰人口中不同受教育程度的人口数量及其占比，在 6 岁及以上人口中，不识字或识字很少的人口呈现波动下降的趋势，占比从 15.62% 降至 5.40%，换言之，识字率上升了 10.22 个百分点。小学教育的人口数量基本呈下降状态，占比从 41.28% 持续降至 25.27%。初中教育程度的人口先增后减，总体而言变化幅度不大，1996 年占比为 31.46%，2018 年占比为37.76%。6岁及以上人口中受到高中教育程度的人口表现出稳步上升的态势，从9.41%上升到17.55%，增加了8.14个百分点。就高等教育而言，1996年大专及以上人口数占比仅为2.23%，经过22年的发展，2018年这一比重增长到14.01%，增长幅度较大。

总体来说，不识字或识字较少以及仅接受小学教育的人口逐渐较少，高中、大专及以上这两个教育层级的人口数以较快的速度逐渐增加，表明中国人力资本水平得到大幅度提升；初中学历水平的人口先增后降，意味着伴随中国经济增长以及快速的技术变革，引发各行业对技能劳动力的偏好和需求，初中教育水平已很难适应产业升级、技术升级、管理升级的新形势，需要更高程度的人力资本积累。从2018年不同教育程度的结构分布来看，初中程度人口占比（37.76%）仍然最高，小学次之（25.27%），高中（17.55%）、大专及以上人口（14.01%）有很大的提升空间。当前中国处于经济发展质量、效率和动力变革的关键时期，亟须加大人力资本投资力度，不断改善劳动力供给质量，以创新驱动经济高质量发展。

表 4-1　　　　　　　不同受教育程度的人口数量（1‰）

年份	6岁及以上人口数/人	不识字或识字很少/人	小学/人	初中/人	高中/人	大专以上/人
1996	1109525	173314	458054	349008	104420	24730
1997	1125758	159354	457764	360958	116875	30807
1998	1138980	156184	453171	376303	121526	31796
1999	1152147	154037	443573	395550	123383	35602
2000	1156700	110397	441613	422387	138283	44020
2001	1156700	110397	441613	422387	138283	44020
2002	1181314	120793	413012	444725	147131	55652
2003	1203918	116599	402360	457936	160957	66064
2004	1219272	111720	394794	479085	163336	70336
2005	1198366	124254	398871	459521	149064	66656

续表

年份	6岁及以上 人口数/人	不识字或 识字很少/人	小学/人	初中/人	高中/人	大专以上/人
2006	1233578	108418	407954	481007	159484	76716
2007	1240041	99387	394303	498774	166261	81316
2008	1247389	93559	388805	510630	170771	83625
2009	1250708	89022	376786	521194	172564	91142
2010	1242546	62136	357212	518176	186647	118375
2011	1255608	69096	346155	519888	194175	126292
2012	1260969	66732	338966	518410	203298	133562
2013	1267427	63273	334134	517207	209353	143461
2014	1273832	68437	334377	511474	212709	146835
2015	1279579	72835	335456	490354	210385	170548
2016	1287123	73415	329676	499875	217648	166511
2017	1290968	68146	325735	491350	226620	179118
2018	1297799	70101	327989	490078	227798	181834

注：《中国统计年鉴》（1997—2019年）提供的不同受教育程度人口数据，抽样比例以1‰为基准，各调查年份存在上下浮动；2005年、2015年数据来自1%人口抽样调查，抽样比分别为1.325%和1.55%；2000年、2010年数据来自人口普查，以全部人口为基数。为方便纵向比较，本书统一按照1‰人口基数，汇报各年份不同受教育程度的人口数量。

资料来源：《中国统计年鉴》（1997—2019年）。

表4-2　　　　　　　　不同受教育程度人口的比重

年份	不识字或识字很少%	小学%	初中%	高中%	大专以上%
1996	15.62	41.28	31.46	9.41	2.23
1997	14.16	40.66	32.06	10.38	2.74
1998	13.71	39.79	33.04	10.67	2.79
1999	13.37	38.50	34.33	10.71	3.09
2000	9.54	38.18	36.52	11.95	3.81
2001	9.54	38.18	36.52	11.95	3.81
2002	10.23	34.96	37.65	12.45	4.71

年份	不识字或识字很少%	小学%	初中%	高中%	大专以上%
2003	9.68	33.42	38.04	13.37	5.49
2004	9.16	32.38	39.29	13.40	5.77
2005	10.37	33.28	38.35	12.44	5.56
2006	8.79	33.07	38.99	12.93	6.22
2007	8.01	31.80	40.22	13.41	6.56
2008	7.50	31.17	40.94	13.69	6.70
2009	7.12	30.13	41.67	13.80	7.29
2010	5.00	28.75	41.70	15.02	9.53
2011	5.50	27.57	41.41	15.46	10.06
2012	5.29	26.88	41.11	16.12	10.59
2013	4.99	26.36	40.81	16.52	11.32
2014	5.37	26.25	40.15	16.70	11.53
2015	5.69	26.22	38.32	16.44	13.33
2016	5.70	25.61	38.84	16.91	12.94
2017	5.28	25.23	38.06	17.55	13.87
2018	5.40	25.27	37.76	17.55	14.01

资料来源:《中国统计年鉴》(1997—2019年)。

二 城乡收入差距

二元经济结构下城乡收入存在巨大的不平等,本节通过对比分析城镇居民和农村居民的可支配收入观察城乡收入差距的变动趋势。鉴于2000年之前农村可支配收入数据较为零散,选取2000—2018年城镇和农村居民可支配收入数据,采用2000年为基期的城镇和农村居民消费价格指数相应对可支配收入进行平减。价格平减后的城镇、农村可支配收入如图4-2所示。

图4-2显示,农村居民可支配收入从2000年2282元增长到2018年9386元,农村居民收入得到较大幅度的提高,年均增长率为8.17%;城镇居民可支配收入在2000—2018年间增长了325.74%,年均增长率为8.38%。从两者的差距来看,2000—2009

年期间，城镇和农村居民可支配收入的差距不断扩大，从2000年2.74倍增长至2009年3.29倍；2010—2018年两者比值逐步缩小，2018年仍为2.84。2000—2018年间，城镇和农村居民可支配收入均得到持续提高，但城镇居民可支配收入远高于农村居民，并且城镇年均增长率也高于农村，两者可支配收入的比值经历了先扩大后缩小的过程，至2018年城镇居民可支配收入仍然达到农村居民的2.84倍，巨大的城乡收入差距反映出中国劳动力市场仍存在诸多流动性障碍，也是劳动力市场扭曲的直观表现。

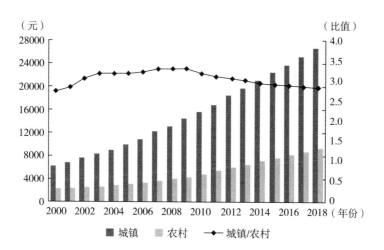

图4-2 2000—2018年中国城镇和农村可支配收入变动趋势

注：①柱状图表示城镇和农村可支配收入水平（主坐标轴），单位为元；折线图表示城镇可支配收入与农村可支配收入的比值（次坐标轴）。②采用2000年为基期的城镇和农村居民消费价格指数相应对可支配收入进行平减。

资料来源：《中国统计年鉴》（2019年）。

三 行业工资差距

为考察不同行业的平均工资水平是否存在显著差异，本节绘制了2003—2016年中国除国际组织外的19个行业门类平均工资水平变动趋势的折线图①。考虑到 19 个行业折线图的可观察性，选取 2003—2016 年样本区间的代表性年份将 19 个行业折现图分为 4 组进行展示，如图 4-3、图 4-4、图 4-5 和图 4-6 所示。以 2016 年为例，对比不同行业的工资水平，工资最高的前四位行业依次为信息传输、计算机服务和软件业（86289 元，下文简称信息技术行业），金融业（82724 元），科学研究、技术服务和地质勘查业（68084元），电力、燃气及水的生产和供应业（59083 元），分别达到总体平均工资的 1.81 倍、1.74 倍、1.43 倍和 1.24 倍。其中信息技术行业与金融业工资水平具有鲜明的阶段性特征，2003—2008 年间，信息技术行业的工资高于金融业，2009—2015 年间，金融业工资水平居上，2016 年信息技术行业工资再次超过金融业。工资最低的后四位行业依次为农林牧渔业（23680 元），住宿和餐饮业（30564 元），居民服务和其他服务业（33519 元），水利、环境和公共设施管理业（33641 元），仅为总体工资水平的 49.74%、64.20%、70.41%、70.67%。整体而言，不同行业的平均工资水平存在较大差异，工资最高的行业平均工资高达最低行业的 3.64 倍。

从各行业的工资增速来看，在 2003—2016 年间，总体平均工资的年均增长率为 9.90%，各行业的工资增长速度有所不同。批发和零售业（11.70%），金融业（10.60%），教育（10.51%），卫生、社会保障和社会福利业（10.04%），农林牧渔业（9.92%）的平均工资增速显著高于总体速度。从不同行业折线图的走势可以观察到，多数行业仍然保持较为稳定的工资上涨速度，但需要注意采矿业和金融业。采矿业平均工资在 2014 年达到最高点，2015、2016年出现工资绝对数额的下降；2014 年之后金融业的工资折线图相比之前年份较为平缓，这一时段金融业的工资增长速度明显下降。

---

① 2002 年国民经济行业分类标准将经济活动划分为 20 个行业门类，其中国际组织行业的数据缺失，因而主要分析 19 个行业门类的平均工资。

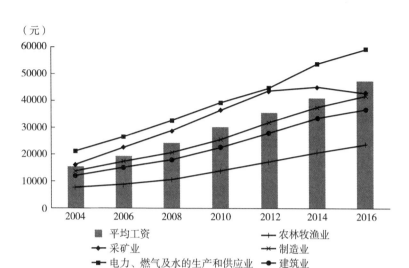

图 4-3　2003—2016 年代表年份分行业平均工资变动趋势（1）

注：①柱状图表示 19 个行业门类总体的平均工资水平。折线图表示各行业代表性年份的平均工资水平。单位为元。②采用 2000 年为基期的城镇居民消费价格指数进行平减。

资料来源：《中国统计年鉴》（2004—2017 年）。

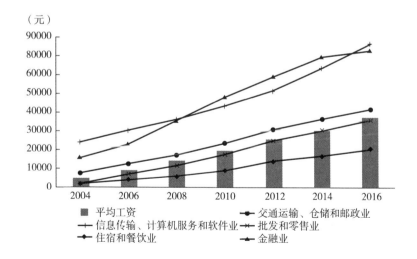

图 4-4　2003—2016 年代表年份分行业平均工资变动趋势（2）

注：①柱状图表示 19 个行业门类总体的平均工资水平。折线图表示各行业代表性年份的平均工资水平。单位为元。②采用 2000 年为基期的城镇居民消费价格指数进行平减。

资料来源：《中国统计年鉴》（2004—2017 年）。

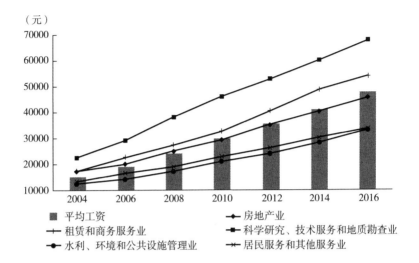

图4-5 2003—2016年代表年份分行业平均工资变动趋势（3）

注：①柱状图表示19个行业门类总体的平均工资水平。折线图表示各行业代表性年份的平均工资水平。单位为元。②采用2000年为基期的城镇居民消费价格指数进行平减。

资料来源：《中国统计年鉴》（2004—2017年）。

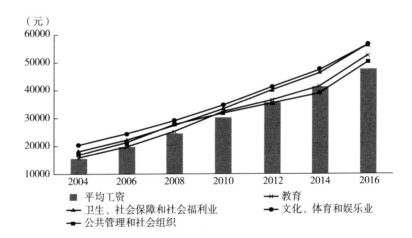

图4-6 2003—2016年代表年份分行业平均工资变动趋势（4）

注：①柱状图表示19个行业门类总体的平均工资水平。折线图表示各行业代表性年份的平均工资水平。单位为元。②采用2000年为基期的城镇居民消费价格指数进行平减。

资料来源：《中国统计年鉴》（2004—2017年）。

四 所有制工资差距

2000—2016 年中国总体平均工资持续上涨，从 9333 元增长至 47603 元，涨幅为 410.05%，年均增长率为 10.72%。为检验不同所有制单位的工资水平是否存在显著差异，表 4-3 比较了国有单位、城镇集体单位和其他单位三类单位平均工资水平的变动趋势，三者均呈稳步上升趋势。在 2000 年，包含民营企业、外资企业等的其他单位平均工资水平居于三者最高，高于总体平均工资 20.41%；2018 年，三类单位中，国有单位的平均工资领先于其他两类企业，比其他单位高出 10.69%。

表 4-3　　　2000—2016 年不同所有制单位平均工资变动趋势

年份	平均工资/元	国有单位	城镇集体单位	其他单位
2000	9333	9441	6241	11238
2001	10760	10969	6804	12351
2002	12412	12741	7660	13529
2003	13887	14274	8577	14756
2004	15322	15827	9358	15899
2005	17241	17978	10587	17395
2006	19467	20261	12009	19605
2007	22080	23312	13794	21678
2008	24442	25616	15311	24149
2009	27521	29130	17588	26758
2010	30218	31723	19856	29607
2011	32830	34153	22613	32456
2012	35767	36982	25837	35454
2013	38375	39250	28999	38352
2014	41148	41831	31205	41239
2015	44617	46967	33524	43809
2016	47603	51104	35597	46167

注：①国有单位：国有经济单位及其附属机构。城镇集体单位：城镇集体经济单位及其管理的部门。其他单位：联营经济、股份制经济、外商投资经济、港澳台投资经济单位。②采用 2000 年为基期的城镇居民消费价格指数进行平减。

资料来源：《中国统计年鉴》（2001—2017 年）。

第三节　中国企业创新的现状分析

微观企业作为创新活动的主体，在国家创新体系建设中具有基础性和关键性作用。本节从企业创新意识、创新投入、创新产出三个方面对中国企业创新进行现状分析。

一　企业创新意识

创新意识是企业家精神的核心，是推动企业创新活动的内源驱动力，制定创新战略目标是企业创新意识的重要体现。表 4-4 显示，2017 年中国规模以上工业企业中制定了创新战略目标的企业比重为 50.70%，半数企业制定了创新目标，企业主体的创新意识仍需进一步增强。在制定了创新战略目标的企业中，51.70% 选择了"增加创新投入、提高企业竞争力"的目标，认可创新是提高企业竞争力的重要来源；选择"赶超同行业国内领先企业"目标的企业比重为 20.20%；17.90% 的企业希望"保持现有技术水平和生产经营状况"；制定"保持同行业国际领先地位""超越同行业国际领先企业""其他目标"等的比例较低。总体而言，规模以上工业企业创新意识有待增强，制定了创新战略目标的企业中，创新目标清晰明确，总体较好。

表 4-4　　2017 年规模以上工业企业创新战略目标制定情况

创新战略目标	比重%
制定创新战略目标的企业	50.70
保持本领域的国际领先地位	4.10
赶超同行业国际领先企业	5.70
赶超同行业国内领先企业	20.20
增加创新投入，提高企业竞争力	51.70
保持现有技术水平和生产经营状况	17.90

续表

创新战略目标	比重%
其他目标	0.40

资料来源:《中国科技统计年鉴》(2018 年)。

二 企业创新投入

(一) 企业创新资金投入

首先考察全社会创新资金投入的状况。图 4-7 绘制了 2000—2017 年中国全社会 R&D 经费内部支出及其占 GDP 比重的变动趋势。图 4-7 显示,中国 R&D 经费内部支出在 2000—2017 年呈持续上升态势,从 895.66 亿元增长至 17606.13 亿元,增加了 18.66 倍,年均增长率达到 19.15%, R&D 内部经费支出在 2012 年首次超过 10000 亿元,其后仍保持强劲的增长势头。从 R&D 经费内部支出的相对比重来看,2000 年中国 R&D 经费内部支出占 GDP 的 0.89%,2002 年开始超过 1%。2014 年后超过 2%, 至 2017 年达到 2.13%。在创新驱动发展战略引领下,中国的创新研发投入逐年提高。

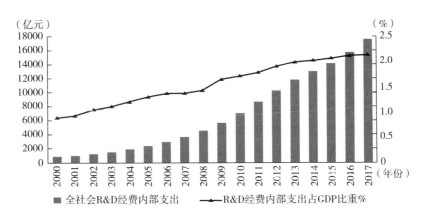

图 4-7 2000—2017 年全社会 R&D 经费内部支出及其占 GDP 比重的变动趋势

注:柱状图表示 2000—2017 年全社会 R&D 支出(主坐标轴),单位为亿元;折线图表示 2000—2017 年投入强度(次坐标轴),即全社会 R&D 投入占 GDP 比重,单位%。

资料来源:《中国科技统计年鉴》(2018 年)。

　　根据 2018 年《中国科技统计年鉴》，2016 年国际上 R&D 经费内部支出占 GDP 比重的前十位分别为韩国（4.23%）、瑞典（3.25%）、中国台湾（3.16%）、日本（3.14%）、奥地利（3.09%）、德国（2.93%）、丹麦（2.87%）、芬兰（2.75%）、美国（2.74%）、比利时（2.49%）。同期，中国的研发投入强度为 2.11%，在国际上排名第十二位，中国仍然存在创新投入力度偏低的问题。

　　为深入了解企业创新资金投入状况，表 4-5 展示了 2000—2017 年企业 R&D 经费内部支出及其占全社会经费支出比重的变动趋势。从企业 R&D 经费内部支出的规模来看，企业 R&D 经费内部支出在 2000—2017 年间逐年攀升，从 537 亿元增长至 13660 亿元，增长了 13123 亿元，年均增长率为 20.97%，高于全社会总体增长率（19.15%）。企业 R&D 经费内部支出占全社会的比重从 59.95% 提高到 77.59%，上升了 17.65 个百分点。2000—2017 年之间，企业始终在全社会创新投入中保持最高比例，远高于研究与开发机构、高等学校及其他部门，也反映了企业在创新活动中的主体地位。

表 4-5　　2000—2017 年企业 R&D 经费内部支出及其比重

年份	企业 R&D 经费内部支出/亿元	企业 R&D 经费内部支出占全社会的比重%	年份	企业 R&D 经费内部支出/亿元	企业 R&D 经费内部支出占全社会的比重%
2000	537	59.95	2009	4249	73.23
2001	630	60.43	2010	5186	73.42
2002	788	61.18	2011	6579	75.74
2003	960	62.37	2012	7842	76.15
2004	1314	66.83	2013	9076	76.61
2005	1674	68.32	2014	10061	77.30
2006	2135	71.08	2015	10881	76.79
2007	2682	72.28	2016	12144	77.47
2008	3382	73.26	2017	13660	77.59

资料来源：《中国科技统计年鉴》（2018 年）。

　　进一步以规模以上工业企业为对象，展开分析企业内部创新资金投入的规模与结构。表 4-6 列示了 2011—2017 年规模以上工业企业创新资金投入的变动趋势，2011 年规模以上工业企业 R&D 经费内部支出为 5994 亿元，2017 年增长到 12013 亿元，年均增长率为 12.29%，低于全部企业的平均增长率（20.97%）。R&D 经费内部支出占主营业务收入的比重从 2011 年 0.71% 增加到 2017 年 1.06%，同期，R&D 项目数从 232158 项增长至 445029 项。潘承烈（2006）认为，企业若要具有竞争力，研发投入应保持在销售收入的 5% 以上，根据这一判断，中国规模以上工业企业也面临研发投入不足的问题。

表 4-6　2011—2017 年规模以上工业企业创新资金投入规模变动趋势

年份	R&D 经费内部支出/亿元	R&D 经费内部支出占主营业务收入比重%	R&D 项目数/项
2011	5994	0.71	232158
2012	7201	0.77	287524
2013	8318	0.8	322567
2014	9254	0.84	342507
2015	10014	0.9	309895
2016	10945	0.94	360997
2017	12013	1.06	445029

资料来源：《中国科技统计年鉴》（2018 年）。

（二）创新人员投入

　　图 4-8 展现了 2000—2017 年全社会 R&D 人员全时当量和企业 R&D 人员全时当量的变动趋势。可以看出，中国总体 R&D 人员投入呈现持续上升的状态，从 2000 年的 92.21 万人年增加到 2017 年的 403.36 万人年，增幅达到 3.37 倍，年均增长率为 9.07%。企业的 R&D 人员投入也处于逐年上升趋势，2000—2017 年间，企业 R&D 人员全时当量以年均 11.63% 的平均速度累计增加了 263.90 万

人年，企业增速明显快于全社会的整体速度。2000—2014 年期间，企业 R&D 人员投入占全社会的比重不断提升，从 52.14% 增加至 78.06%，2014 年之后，这一比重出现小幅回落，2017 年为 77.35%。与此同时，2014 年后全社会总体以及企业的 R&D 人员全时当量的增加速度均明显放缓，但是同期全社会总体以及企业的 R&D 资金投入并未出现这种趋势，资本深化可能是导致这一现象的部分原因。

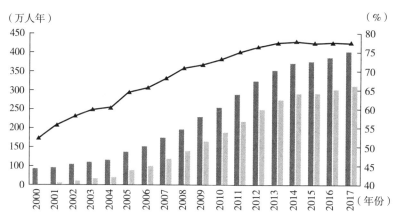

图 4-8 2000—2017 年全社会和企业 R&D 人员全时当量变动趋势

注：柱状图表示 2000—2017 年全社会和企业的 R&D 人员全时当量（主坐标轴），单位为万人年。折线图表示 2000—2017 年企业 R&D 人员占社会的比重（次坐标轴），单位%。

资料来源：《中国科技统计年鉴》（2001—2018 年）。

三 企业创新产出

企业利用研发资金、研发人员、知识、信息等多种内外部资源，经过创意产生、研究设计、试验开发、生产、市场化等复杂而系统的过程，最终获取发明创造、新工艺、新产品、新颖的营销与管理方式等不同的创新产出。鉴于统计数据的可得性，本节主要对专利授权量和新产品情况进行分析。

（一）专利授权量

图4-9展示了2000—2017年发明、实用新型、外观设计三类专利授权量及其比重的变动趋势。2000—2017年间中国总体专利授权量大幅度提高，从10.53万件增加到183.64万件，增幅达173.11万件，年均增长率为18.31%，到2015年之后专利授权量的增长速度趋于平缓。在三类专利中，发明专利的授权量和占比都低于另两类专利，但其授权量的年均增长率达到22.86%，高于总体增长速度（18.31%）以及实用新型专利（18.45%）、外观设计专利（15.56%）的增长率。2002—2010年间，实用新型专利和外观设计专利的授权量和比重都比较接近，呈现此消彼长的特征，2010年之后，两者的差距逐渐扩大，2017年实用新型专利的比重比外观设计专利高出28.88个百分点。至此，中国专利授权量中发明、实用新型、外观设计三类占比依次为22.88%、53.00%和24.12%，实用新型专利超过总授权量的一半。

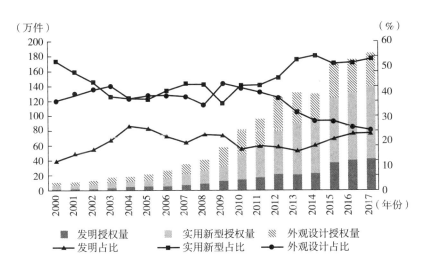

图4-9　2000—2017年三类专利授权量及比重变动趋势

注：柱状图表示2000—2017年专利授权量的变动趋势（主坐标轴），单位为万件。折线图表示2000—2017年三类专利占比的变动趋势（次坐标轴），单位%。

资料来源：《中国科技统计年鉴》（2001—2018年）。

国内职务专利申请与授权的机构包括大专院校、科研单位、企业和机关团体，表4-7展示了2000—2017年企业获得的职务专利授权量及其比重的变动趋势。2000—2017年间，企业的职务发明专利从0.10万件增加到20.08万件，占全部职务发明专利的比重从35.98%上升到66.15%，企业成为职务发明专利授权量中占比最高的机构。同期，企业的职务实用新型和外观设计专利授权量分别增加了70.02万件、20.51万件，2017年这两类专利中企业的占比分别为86.42%和94.51%。2000—2017年间，企业获得的职务发明、实用新型、外观设计专利授权量年均增长率分别达到36.47%、26.67%和16.14%。由此表明，在全部职务专利授权量中，企业获得的授权居于绝对主体的地位，三类专利均呈现稳步上升的态势，尤其发明专利的增长势头强劲。

根据三类专利的内涵，发明专利强调突破性、独创性、新颖性，要求企业具有较高的技术创新能力和基础条件，创新难度高，实用新型专利在创造性和技术含量上较发明专利更低，创新难度小、成本低、研发周期短。当前授权的企业专利以实用新型专利（2017年为70.30万件）为主，作为技术创新的发明专利（2017年为20.08万件）偏低。

表4-7 2000—2017年企业三类国内职务专利授权量及比重变动趋势

年份	国内职务发明专利（企业）		国内职务实用新型专利（企业）		国内职务外观设计专利（企业）	
	授权量/万件	占比%	授权量/万件	占比%	授权量/万件	占比%
2000	0.10	35.98	1.28	82.61	1.75	98.27
2001	0.11	41.66	1.38	83.31	1.90	98.93
2002	0.15	46.47	1.58	85.76	1.98	98.91
2003	0.34	49.05	2.05	85.33	3.10	98.53
2004	0.61	50.33	2.23	85.05	2.38	98.59
2005	0.77	52.25	2.47	84.76	2.67	96.71

续表

年份	国内职务发明专利（企业）		国内职务实用新型专利（企业）		国内职务外观设计专利（企业）	
	授权量/万件	占比%	授权量/万件	占比%	授权量/万件	占比%
2006	0.94	51.27	3.57	84.40	3.13	96.32
2007	1.29	52.48	5.35	84.88	4.25	91.73
2008	2.25	60.87	7.02	84.72	4.58	92.76
2009	3.22	61.53	9.54	86.24	9.08	91.36
2010	4.00	60.54	18.33	87.58	13.57	92.67
2011	5.84	61.39	23.70	87.33	17.95	93.01
2012	7.87	62.44	36.00	87.64	24.69	94.15
2013	7.94	62.62	45.17	88.18	22.16	94.88
2014	9.19	62.85	49.73	88.16	18.12	95.76
2015	15.86	66.42	59.28	86.24	23.73	95.11
2016	18.96	68.68	63.13	85.90	20.95	94.52
2017	20.08	66.15	71.30	86.42	22.26	94.51

资料来源：《中国科技统计年鉴》（2001—2018年）。

（二）新产品

《中国科技统计年鉴》完整提供了2011—2017年规模以上工业企业新产品开发及生产情况，但2011年以前年份的统计口径以大中型企业为主，规模以上工业企业统计数据较为零散，图4-10根据2018年《中国科技统计年鉴》绘制了规模以上工业企业新产品开发及生产情况。图4-10柱状图显示，规模以上工业企业的新产品开发项目数呈波动上升态势，在2000—2017年间，从91880项增加到477861项，增加了4.20倍，在2004年、2015年出现短暂的小幅度下降，总体而言，新产品开发项目活跃度较高，但项目数不能直观反映新产品开发活动的市场收益情况。图4-10两条折线图显示，2000年新产品开发经费支出与新产品销售收入分别为530亿元和9370亿元，经过17年时间的持续增长，2017年二者分别达到13498亿元和191569亿元，从年均增长速度来看，新产品开发经费支出的增速（20.98%）略高于新产品销售收入增速（19.42%）。从两条折线图的对比可以看出，新产品销售收入与开发经费支出的差额不断扩大，从 8840 亿元持续攀升到 178071 亿元，新产品的生产效益稳步提升，开发成效显著。

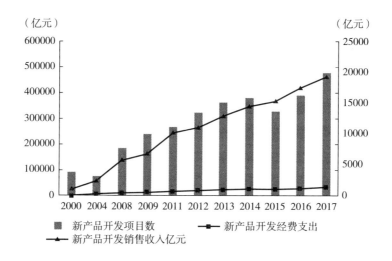

图 4-10 规模以上工业企业新产品开发及生产情况

注：柱状图表示新产品开发项目数（主坐标轴），单位为项；折线图分别代表新产品开发经费支出与新产品开发销售收入（次坐标轴），单位为亿元。

资料来源：《中国科技统计年鉴》（2018 年）。

第四节 本章小结

本章首先对中国劳动力市场发展历程进行系统梳理，然后采用统计分析方法考察中国劳动力市场和企业创新的现状、特征及存在的问题，研究发现：

首先，中国劳动力市场的培育和发展经历了计划就业时期、双轨制就业时期、市场化配置全面展开时期、市场快速壮大和规范化时期、更高质量更充分就业新时期，劳动力市场化程度显著提高，但仍需进一步化解劳动力市场运行过程中深层次的体制机制矛盾，持续推进劳动力要素市场化配置。

其次，中国劳动力市场现状、特征与存在的问题。第一，中国已从劳动力无限供给阶段逐渐转向劳动力资源相对稀缺的阶段，劳动力供给规模呈下降趋势；大专及以上受教育程度人口占比偏低，劳动力质量有待提高。第二，中国城乡可支配收入差距较大，不同行业、不同所有制单位间的工资差距显著，劳动力再配置效应仍具有较大的提升空间，需进一步破除阻碍劳动力流动的体制障碍，降低流动壁垒。

最后，中国企业创新现状、特征及存在的问题。第一，2017 年规模以上工业企业中半数企业制定了创新战略目标，仍需增强企业自主创新意识，充分发挥企业家精神。第二，中国研发资金投入逐年提高，但从研发投入强度的国际对比以及企业 R&D 经费占主营业务收入的比重来看，仍存在研发资金投入不足的问题；研发人员投入增速低于研发资金，2014 年后增长速度明显放缓，研发人员投入有待提高。第三，企业新产品开发成效显著，市场效益稳步提升，但企业获得授权的专利以实用新型专利为主，发明专利占比偏低，企业技术创新能力亟须提升。

第五章　中国劳动力工资扭曲的
测度与结果分析

本章从企业和劳动力个体两个层面，采用不同测度方法，客观评估中国劳动力工资扭曲程度和特征。第 1 节基于中国工业企业微观数据库（1999—2013 年），采用生产函数法，借助 OP 估计方法，以当期新增投资作为企业不可观测生产率冲击的代理变量，估计制造业细分行业的劳动要素产出弹性，测度企业层面的工资扭曲程度；第 2 节基于中国家庭追踪调查数据（2014 年、2016 年），采用随机前沿分析方法，以工资可能性边界作为个体劳动力边际产出的衡量指标，测算劳动力个体层面的工资扭曲程度。

第一节　基于微观企业数据的劳动力工资
扭曲测度与结果分析

企业劳动力工资扭曲衡量企业劳动力边际产出与企业平均劳动报酬之间的距离，微观企业数据提供了单个企业的产出、生产要素投入以及要素报酬等详细数据，适用于生产函数测度方法。C-D 生产函数结构简单，对产出弹性的测算直接，且经过大量理论和经验研究反复验证，边际产出估计误差较小（毛宁、史晋川，2015）。本书选取 C-D 生产函数设定，采用 Olley 和 Pakes（1996）半参数估计方法估计 C-D 生产函数投入要素的产出弹性，得到企业劳动力边际产出，进而测度微观企业的工资扭曲程度。

一　生产函数模型

建立 C-D 生产函数模型如下：

$$Y_{it} = A_{it} K_{it}^{\alpha} L_{it}^{\beta} \tag{5-1}$$

其中，Y_{it} 表示企业 i 在第 t 期的工业增加值，A_{it} 为全要素生产率，K_{it} 和 L_{it} 分别为企业生产中的资本和劳动投入量，α 和 β 分别代表资本和劳动要素的产出弹性。劳动力边际产出为 MPL_{it}：

$$MPL_{it} = \partial Y_{it} / \partial L_{it} = \beta A_{it} K_{it}^{\alpha} L_{it}^{\beta-1} = \beta Y_{it} / L_{it} \tag{5-2}$$

劳动力工资扭曲 $WDistortion_{it}$ 的数学表达式为：

$$WDistortion_{it} = \frac{MPL_{it}}{\omega_{it}} = \frac{(\beta Y_{it})}{(\omega_{it} L_{it})} \tag{5-3}$$

$WDistortion_{it}$ 为企业 i 在第 t 期的工资扭曲程度，ω_{it} 表示企业 i 在第 t 期的实际平均工资水平，衡量企业支付的劳动报酬，包括应付工资，奖金、津贴以及其他货币的或者非货币的福利收入，如企业支付的劳动和失业保险费、养老保险和医疗保险费、住房公积金和住房补贴等。

二　数据来源与处理

（一）数据来源与基础处理

本节从微观企业层面测度劳动力工资扭曲程度，采用 1998—2013 年中国工业企业数据库进行考察。该数据库样本范围为全部国有及规模以上非国有工业企业，统计单位是企业法人，工业统计口径包括"采掘业""制造业""电力、燃气及水的生产和供应业"，以制造业为主，占全部样本的 90% 以上。考虑到制造业在吸纳就业、推动创新等领域的重要作用，并且劳动报酬、创新活动等关键变量数据更为完整，本书主要研究制造业企业样本。

借鉴聂辉华等（2012），对数据进行如下基本处理。第一，将实收资本、销售额、总资产、总负债、工业总产值以及本年应付工资总额等关键指标缺失或小于 0 的观测值剔除；将职工人数小于 8 人的规模较小的企业数据剔除；将与基本会计原则相悖的样本剔除，如总资产小于固定资产，累计折旧小于当期折旧等。第二，按照企业代码、企业名称、地区代码、行业代码、开业年份等信息进行样本匹配。第三，1998—2013 年中国工业企业数据库时间跨度较长，包含了国家统计局 1994 年、2002 年、2011 年国民经济行业分类标准，本书按照 2002 年标准将工业企业数据库的行业分类进行统一。第四，根据变量性质采用不同的价格指数进行平减，对于工业总产值、工业增加值、新产品产值等产值类变量使用工业生产者出厂价格指数平减，固定资产原值、固定资产净值、研究开发费等资产投资类变量使用固定资产投资价格指数平减，工资和福利收入等劳动报酬变量使用居民消费价格指数平减，平减指数均以 1998 年为基期。

（二）重要变量的数据处理

工业增加值。工业增加值是测算劳动力边际产出的基础变量，但中国工业企业数据库没有提供 2001 年、2004 年以及 2008 年以后年份的工业增加值数据。补齐工业增加值的方法有两种。第一种是根据会计准则公式估算，产出法估算工业增加值的公式为：工业增加值＝工业总产值－中间品投入＋增值税；收入法估算工业增加值的公式为：工业增加值＝固定资产折旧＋劳动报酬＋生产税净值＋营业盈余。由于收入法公式要求复杂的变量核算，产出法估算公式更为常用。第二种是基于行业工业增加值率估算工业增加值。考虑到工业企业数据库不再提供 2008 年及以后年份的中间品投入数据，本书借助行业工业增加值率进行估算。《中国统计年鉴》提供了 2001 年的行业工业增加值率，2004 年、2008 年及以后年份缺失工业增加值率数据，但提供了 2004 年的工业增加值增长率和工业总产值增长率，工业增加值率是工业增加值与工业总产值的比率，据此可计算 2004 年的工业增加值率。程时雄等（2016）假设 2008—2013 年工业增加值率稳定不变，采用 2005—2007 年三年的细分行业工业增加值率均值代替，在此基础上与 2008—2013 年分行业企业工业总产值相乘，进而得到工业增加值数据。

实际资本存量。对于企业层面实际资本存量的测算，采用固定资产净值指标为基础。折旧率的选择是资本存量测算的难点，尤其是企业层面的估计，不同企业的资产组合、使用年限存在差异，以统一折旧率估计强异质性的微观企业实际资本存量可能存在严重的偏误。企业固定资产净值是固定资产原始价值减去已提折旧后的净额，包含企业不同资产、不同使用年限的微观折旧信息，可以反映企业实际占用在固定资产上的资金数额和固定资产的新旧程度，因此，准确估计企业层面实际资本存量的核心是对固定资产净值进行消胀（张天华和张少华，2016）。样本在数据库中开始出现年份的固定资产净值，即为资产购买年份后按照税法规定进行折旧处理后的资产价值，本书将该数据进行消胀后作为企业在样本期间的初始实际资本存量，进而对样本企业中第一期之后的观测值进行消胀处理：$K_{real,it} = (K_{nom,it} - K_{nom,it-1})/p_t + K_{real,it-1}$，$t > t_0$。其中，$K_{real,it}$ 表示企业 i 在第 t 期的实际资本存量，$K_{nom,it}$ 和 $K_{nom,it-1}$ 分别为企业 i 在第 t 期和第 $t-1$ 期的名义固定资产净值，t_0 为企业 i 开始出现在数据库中的年份，p_t 表示第 t 期的固定资产投资价格指数。

劳动力边际产出。实际生产过程中，企业当期可以观测到部分生产率状况，并由此调整要素投入组合，相比于资本投入，企业更容易在短期内根据生产率的观测值调整劳动投入，导致简单线性方法在估计劳动弹性系数和边际产出时产生偏误（鲁晓东、连玉君，2012），因此采用 OP 方法进行估计（Olley、Pakes，1996）。假定企业当前生产率水平对其投资决策产生影响，OP 方法采用当期新增投资作为企业不可观测生产率冲击的代理变量。考虑到微观企业之间存在较强的异质性，统一的生产函数难以反映企业的差异化生产行为。为得到较为准确的估计结果，本书假设同一行业的生产技术和要素组合方式相似，分别估计 29 个二分位制造业行业的生产函数①，得到分

---

① 13. 农副食品加工业；14. 食品制造业；15. 饮料制造业；16. 烟草制品业；17. 纺织业；18. 纺织服装、鞋、帽制造业；19. 皮革、毛皮、羽毛（绒）及其制品业；20. 木材加工及木、竹、藤、棕、草制品业；21. 家具制造业；22. 造纸及纸制品业；23. 印刷业及记录媒介的复印；24. 文教体育用品制造业；25. 石油加工、炼焦及核燃料加工业；26. 化学原料及化学制品制造业；27. 医药制造业；28. 化学纤维制造业；29. 橡胶制品业；30. 塑料制品业；31. 非金属矿物制品业；32. 黑色金属冶炼及压延加工业；33. 有色金属冶炼及压延加工业；34. 金属制品业；35. 通用设备制造业；36. 专用设备制造业；37. 交通运输设备制造业；39. 电气机械及器材制造业；40. 通信设备、计算机及其他电子设备制造业；41. 仪器仪表及文化、办公用机械制造业；42. 工艺品及其他制造业。

行业劳动要素产出弹性 β，结合企业工业增加值 Y_{it}、劳动报酬 ω_{it} 和劳动投入量 L_{it}，带入公式（5-3），计算企业 i 在第 t 期的工资扭曲程度 $WDistortion_{it}$。由于测算企业当期生产率的代理变量新增投资时，使用连续相邻两年资本存量之差计算，意味着样本初始年份1998 年的新增投资数据缺失，即只能得到 1999—2007 年分行业的劳动要素产出弹性 β，据此测算单个企业的劳动力边际产出。

实际工资水平。本书分别采用工资总额和包含福利费的劳动报酬总额衡量企业实际工资水平。中国工业企业数据库提供了企业本年应付工资总额、本年应付福利费总额，以及主营业务应付工资总额、主营业务应付福利费总额。其中，2009 年、2010 年缺失本年应付工资总额数据，2003 年、2006 年、2009—2013 年缺失本年应付福利费总额数据。考虑到工资总额数据缺失问题无法弥补，删除2009 年、2010 年两年样本；采用主营业务应付福利费总额代替2003 年、2006 年缺失的本年应付福利费总额数据，一定程度上存在对这两个年份劳动报酬总额的低估；2011—2013 年同时缺失本年应付福利费总额和主营业务应付福利费总额，采用应付工资总额数据、企业所在细分行业福利费总额与工资总额比值均值估算该期间的福利费总额。

（三）数据年份选取

当前可获得中国工业企业数据库 1998—2013 年的数据，1998—2007 年数据包含有丰富的与本书主题相关的信息，被学界广泛采用，2008 年及以后年份存在数据缺失问题，主要包括：第一，2008—2013 年缺失工业增加值、工业增加值率、中间品投入数据，无法直接估算工资扭曲计算过程中必需的劳动要素产出弹性；第二，2009 年、2010 年缺失工资总额数据，2009—2013 年缺失本年应付福利费总额数据，福利费是劳动报酬的重要组成部分。考虑2008—2013 年（除去 2009 年、2010 年）工业增加值、劳动报酬等重要变量都需要在 1998—2007 年数据基础上进行替代或补齐处理，一定程度上会影响数据的准确性和严谨性。综合权衡之后，本书以

1998—2007 年企业样本数据作为分析的主体样本，以 1998—2013
年样本（除去 2009 年、2010 年）作为稳健性检验。

（四）可能的企业劳动报酬低估问题

Hsieh 和 Klenow（2007）基于 1998—2005 年中国工业企业数据
库研究资源误置与 TFP 效率损失时，发现企业层面劳动收入占比中
位数大约为 30%，显著低于中国投入产出表报告的工业总体劳动收
入占比，因此同比例提升所有企业劳动报酬数据，与宏观层面数据
保持一致；钱震杰和朱晓东（2013）也指出中国工业企业数据库中
的劳动收入占比低于国民经济核算数据；张天华和张少华（2016）
认为中国工业企业数据库可能低估了企业支付的劳动报酬，采用
Hsieh 和 Klenow（2007）的方法对数据偏差进行纠正。

表 5-1 列示了本书对中国工业企业数据库进行细致处理后得到
的 1998—2007 年制造业企业应付工资、劳动报酬以及对应的劳动收
入占比。1998—2007 年期间，企业应付工资总额和劳动报酬总额基
本呈现逐年增长趋势，2004 年略有下降，可能是普查数据与常规数
据统计口径差异造成的。基于劳动报酬计算的劳动收入占比，在
1998—2003 年之间持续下降，2005—2007 年间出现回升。总体而
言，劳动收入占比从 1998 年 38.56%降至 2007 年 32.91%，降低了
5.65 个百分点。

表 5-1　　　　1998—2007 年中国制造业企业劳动收入占比

年份	样本量	应付工资总额	劳动收入占比（应付工资）	劳动报酬总额	劳动收入占比（劳动报酬）
1998	97774	1852.6800	0.3433	2093.8020	0.3856
1999	107927	1934.9120	0.3356	2183.7670	0.3765
2000	108172	2061.0600	0.3348	2320.4900	0.3748
2001	121841	2002.4060	0.3388	2246.6120	0.3781
2002	131976	2108.4120	0.3139	2359.5340	0.3490
2003	146016	2144.5270	0.3000	2371.1430	0.3301

续表

年份	样本量	应付工资总额	劳动收入占比（应付工资）	劳动报酬总额	劳动收入占比（劳动报酬）
2004	209347	2028.1300	0.2913	2239.9380	0.3204
2005	223052	2218.0160	0.3142	2458.3590	0.3463
2006	247221	2360.7900	0.3100	2597.9320	0.3393
2007	276078	2509.8230	0.2998	2759.6670	0.3291

注：应付工资总额、劳动报酬总额的单位为千元。

　　罗长远和张军（2009）、邵敏和黄玖立（2010）基于《中国国内生产总值核算历史资料：1952—2004年》，分别测算了工业部门1998—2004年、1998—2003年的劳动收入占比，如表5-2所示。本书采用劳动报酬计算的企业劳动收入占比在这个时段的变化趋势与上述研究结果一致，劳动收入占比数值较低。钱震杰和朱晓东（2013）认为工业企业数据库低估劳动报酬的原因在于低估了企业缴纳的养老保险、医疗保险、失业保险等社会福利费，他们重新估算了生产法增加值及其收入项目，据此计算的劳动收入占比提高。

　　从劳动收入占比的比较结果来看，本书基于中国工业企业数据测算的劳动收入占比确实低于宏观数据核算结果以及企业劳动报酬调整后的结果，导致这种现象的原因可能有两方面：一是中国工业企业数据库的样本范围为全部国有及规模以上非国有工业企业，宏观核算数据包括大量非国有的小企业，一般情况下大企业劳动收入占比低于小企业（钱震杰、朱晓东，2013），因此基于工业企业数据测算的劳动收入占比低于宏观数据测算结果；二是中国工业企业数据库存在劳动报酬数据偏低的问题。Hsieh和Klenow（2007）、张天华和张少华（2016）根据中国投入产出表同比例调整企业劳动报酬数据，但需要针对以下两个问题进行深入分析。

　　其一，如果中国工业企业数据库劳动收入占比低于宏观核算数据是由样本企业规模差异造成的，或者企业规模在很大比例上可以解释二者差异，那么采用宏观劳动收入占比数据校对微观企业劳动报酬，有可能导致企业劳动报酬高于真实值、工资扭曲低于真实值的偏误。是否采用宏观数据进行调整取决于产生劳动收入占比差异的原因，但有效甄别造成差异的原因非常困难，基于宏观核算数据校对企业劳动报酬，不会改变企业之间工资扭曲的相对差异，也不会影响识别工资扭曲与企业创新之间的关系。因此本书分别汇报使用中国工业企业数据库应付工资、劳动报酬以及根据宏观数据调整后的劳动报酬计算的工资扭曲，以分析宏观数据校对后的测算结果为主，通过相互比较和印证，提供更为客观、可靠的测算结果。

其二，中国在 2004 年和 2009 年两次调整 GDP 收入法核算方案，2004 年之前将个体经济业主收入划入劳动报酬，2004—2008年将个体经济业主收入划入营业利润，2009 年又将核算方案调整至 2004 年之前的方案（池振合和杨宜勇，2013）。核算方案的调整可能影响投入产出表劳动收入占比数值，但邵敏和黄玖立（2010）认为工业部门中个体经济所占比重很小，对于制造业样本而言可能影响较小，宏观核算数据校对前后的测算结果也能佐证稳健性。

表 5-2　　　　　　工业部门劳动收入占比的相关研究结果

年份	本书结果	罗长军和张军（2009）	邵敏和黄玖立（2010）	钱震杰和朱晓东（2013）
1998	0.3856	0.4254	0.3947	0.5300
1999	0.3765	0.4180	0.3914	0.5100
2000	0.3748	0.4062	0.3741	0.4500
2001	0.3781	0.4041	0.3703	0.4700
2002	0.3490	0.3983	0.3628	0.4700
2003	0.3301	0.3872	0.3469	0.4600
2004	0.3204	0.3336		0.5100
2005	0.3463			0.4700
2006	0.3393			0.4600
2007	0.3291			0.4400

三　企业劳动力工资扭曲测度结果分析

（一）企业劳动力工资扭曲：整体视角

表 5-3 报告了采用 OP 方法估计的制造业 29 个细分行业的资本和劳动要素产出弹性系数，资本和劳动弹性系数之和的均值约 0.77，与鲁晓东和连玉君（2012）采用 OP 方法估计的 0.75 相近，为本书基础数据处理的可靠性提供了佐证。在此基础上，分别使用工业企业数据库提供的应付工资、劳动报酬（应付工资+福利费）以及根据投入产出表劳动收入占比调整后的劳动报酬数据，计算了三种工资扭曲程度，OP 方法使用当期新增投资作为企业不可观测生产率冲击的代理变量，将损失样本初始年份 1998 年的数据。表 5-4 报告了 1999—2007 年制造业企业的劳动力平均工资扭曲程度，使用企业应付工资和劳动报酬数据计算的工资扭曲均值分别为 3.49 和 3.17，与已有文献测算结果较为接近（施炳展和冼国明，2012；张明志等，2017；王鑫等，2018），考虑到工业企业数据库中劳动者福利收入可能存在低估，借鉴 Hsieh 和 Klenow（2007）将企业劳动报酬调整至与宏观占比相同后，样本企业工资扭曲程度均值为 2.72，即劳动力边际产出是实际工资水平的 2.72 倍，表明平均而言劳动者没有得到与边际贡献相应的合理报酬。进一步观察工资向下扭曲的企业占比（工资扭曲程度大于 1），前两类劳动收入的测算结果中，工资向下扭曲的企业比重高达 83.25% 和 79.51%，同比例提高企业劳动报酬后，该比重仍为 73.06%，与现有多数研究得出的中国劳动力市场以工资向下扭曲为主的结论一致。三类工资扭曲程度的标准差分别为 3.71、3.40、2.94，最大值与最小值的比值分别为 90.99、91.14、91.85，显示出企业之间工资扭曲分布的高度离散性，表明样本期间中国制造业企业存在较为严重的工资向下扭曲以及企业之间扭曲差异巨大的基本特征。

以 1999—2007 年数据为基础，补齐 2008—2013 年缺失的工业增加值、本年应付福利费总额等数据，进而测算 1999—2013 年（除掉 2009 年、2010 年）制造业企业平均工资扭曲程度，以反映更

表 5-3　　　　　1999—2007 年制造业细分行业要素产出弹性

代码	样本量	资本弹性	劳动弹性	代码	样本量	资本弹性	劳动弹性
13	72279	0.2100***	0.5522***	28	7121	0.3528***	0.4807***
14	30577	0.2259***	0.6119***	29	15840	0.2463***	0.4741***
15	20948	0.2368***	0.6008***	30	60934	0.2255***	0.4740***
16	1713	0.5351***	0.4613***	31	110050	0.2271***	0.4562***
17	112252	0.2030***	0.4719***	32	29141	0.2388***	0.5109***
18	63968	0.1846***	0.5594***	33	23981	0.2548***	0.4591***
19	31180	0.2113***	0.4874***	34	71990	0.2288***	0.4940***
20	23474	0.2267***	0.5177***	35	99084	0.2498***	0.5182***
21	14686	0.1652***	0.6406***	36	54002	0.2527***	0.5692***
22	39551	0.2205***	0.5266***	37	59404	0.2461***	0.6225***
23	27167	0.2571***	0.6138***	39	56804	0.2723***	0.5383***
24	17993	0.2216***	0.5587***	40	54292	0.2314***	0.5402***
25	8977	0.3352***	0.3073***	41	25755	0.2382***	0.5433***
26	97874	0.2627***	0.4010***	42	22243	0.2364***	0.4800***
27	28166	0.2541***	0.5922***				

注：*、**、***分别表示 10%、5%、1%的显著性水平。

表 5-4　　　1999—2007 年制造业企业劳动力平均工资扭曲程度

变量	样本量	均值	标准差	最小值	最大值	$Gap>1$ 样本量	$Gap>1$ 样本占比
工资扭曲（工资）	1568396	3.492	3.714	0.283	25.751	1305756	83.25%
工资扭曲（劳动报酬）	1570343	3.167	3.401	0.257	23.423	1248517	79.51%
工资扭曲（报酬调整）	1571630	2.721	2.937	0.219	20.116	1148252	73.06%

长时期内工资扭曲的动态变化趋势，但考虑到严谨性，2008—2013年测算结果仅作为参考。表 5-5 显示，1999—2007 年期间，劳动力工资扭曲程度呈现波动上升趋势，从 1999 年的 2.46 上升至 2007 年的 2.82，增长了约 14.63%，其中 2004 年显著高于前后年份，根据

表5-1，2004年的劳动报酬总额也低于前后年份，可能是普查数据统计口径差异造成的。2008年、2011年、2012年、2013年结果表明，劳动力工资扭曲在2008年之后逐渐下降，《中华人民共和国劳动合同法》自2008年1月1日起开始实施，加强和完善劳动合同制度，提高劳动者权益保障程度，可能是2008年之后工资扭曲得以缓解的原因。

表5-5　　　　不同年份制造业企业劳动力平均工资扭曲程度

年份	工资扭曲（报酬调整）	年份	工资扭曲（报酬调整）
1999	2.4579	2006	2.8604
2000	2.3895	2007	2.8213
2001	2.3693	2008	2.3099
2002	2.5716	2011	2.0649
2003	2.6893	2012	2.0171
2004	2.9819	2013	1.9379
2005	2.7861		

（二）企业劳动力工资扭曲：所有制类型比较

聂辉华等（2012）指出，不同所有制企业税收优惠政策的差异可能导致虚假指标，即根据登记注册类型划分的所有制身份存在外资企业偏高的问题。本书依据各类资本金在实收资本中所占份额划分国有企业、民营企业和外资企业（包括港澳台资本和外商资本）。表5-6列示了不同所有制类型企业的平均工资、平均劳动报酬以及使用平均工资、劳动报酬、调整后的劳动报酬计算的三类工资扭曲程度。可以发现，对于劳动报酬而言，从高到低依次为外资企业、民营企业和国有企业，外资企业平均劳动报酬比国有企业高65.74%，民营企业平均劳动报酬比国有企业高24.87%；劳动力边际产出也具有外资企业依次高于民营企业、国有企业的特征，外资企业劳动力边际产出比国有企业高54.35%，民营企业劳动力边际产出比国有企业高48.41%。不同所有制企业中，劳动力边际产出均高于平均劳动报酬，都存在劳动力工资向下扭曲，其中民营企业具有"高劳动产出、低劳动报酬"的现象，劳动报酬对边际产出的偏离程度最为严重，工资扭曲程度在三种所有制企业中最高。

表5-6　　　　　不同所有制类型企业劳动力平均工资扭曲程度

所有制	平均工资	平均劳动报酬	劳动边际产出	工资扭曲（工资）	工资扭曲（劳动报酬）	工资扭曲（报酬调整）
国有企业	9.1046	10.2424	25.7730	3.1440	2.8231	2.4003
民营企业	11.4754	12.7897	38.2500	3.7258	3.3771	2.9094
外资企业	15.6285	16.9762	39.7815	2.7621	2.5392	2.1781

注：①平均工资、平均劳动报酬、劳动力边际产出的单位为千元。②表中报告使用平均工资、劳动报酬、调整后的劳动报酬计算的三类工资扭曲程度的均值，主要分析基于调整后的劳动报酬计算的工资扭曲程度。

（三）企业劳动力工资扭曲：行业比较

制造业内部不同行业在要素投入、技术特征等诸多方面存在较大差异，形成不同细分行业之间劳动力工资扭曲的不同特点，具体数值如表5-7所示。全部行业的劳动力工资扭曲均值都大于1，工资向下扭曲具有普遍性，但不同行业的扭曲程度存在差异。根据调整至与宏观占比相同的劳动报酬计算的工资扭曲数据，工资扭曲程度最高的前四位行业为：农副食品加工业（13）、黑色金属冶炼及压延加工业（32）、饮料制造业（15）、有色金属冶炼及压延加工业（33），工资扭曲程度分别达到4.61、3.90、3.88、3.87。工资扭曲程度最低的四个行业为：纺织服装、鞋、帽制造业（18），文教体育用品制造业（24），工艺品及其他制造业（42），皮革、毛皮、羽毛及其制品业（19），工资扭曲程度分别为1.77、1.90、1.98、2.11。对比不同行业的平均劳动报酬和劳动力边际产出，不难发现，行业间工资扭曲的差异主要来源于劳动力边际产出差异，比如工资扭曲程度最高的农副食品加工业，最低的纺织服装、鞋、帽制造业，后者劳动报酬比前者高16.30%，但劳动力边际产出比前者低54.84%。

表 5-7　　制造业不同细分行业企业劳动力平均工资扭曲程度

行业	平均工资	平均劳动报酬	劳动边际产出	工资扭曲（工资）	工资扭曲（劳动报酬）	工资扭曲（报酬调整）
13	9.6198	10.6713	50.7218	5.8575	5.3597	4.6136
14	10.5221	11.6566	40.8737	4.4259	4.0305	3.4625
15	9.5296	10.6357	43.4556	4.9777	4.5242	3.8803
16	14.1412	16.0633	40.0591	3.3357	2.9545	2.5143
17	10.6605	11.7787	28.7903	2.9475	2.6798	2.3014
18	11.3368	12.4108	22.9050	2.2700	2.0703	1.7725
19	10.8860	11.9151	25.1796	2.6736	2.4549	2.1062
20	10.0936	11.1468	32.7427	3.6522	3.3507	2.8772
21	12.0293	13.1459	36.8263	3.5912	3.3062	2.8413
22	10.4280	11.5729	33.9115	3.5933	3.2621	2.7946
23	12.2709	13.7078	35.4817	3.1433	2.8294	2.4269
24	11.4868	12.5447	24.9379	2.4321	2.2189	1.9011
25	11.2329	12.6197	38.6300	3.8178	3.4186	2.9473
26	11.8579	13.2689	39.6293	3.7084	3.3423	2.8690
27	11.7318	13.2036	49.1975	4.7054	4.2242	3.6210
28	11.3337	12.5787	46.4339	4.3219	3.9242	3.3746
29	10.7828	11.9761	28.3965	2.9974	2.7188	2.3333
30	12.0275	13.3185	34.3869	3.2268	2.9222	2.5062
31	10.3093	11.4810	28.7110	2.9876	2.7058	2.3217
32	11.0102	12.3024	51.3355	4.9890	4.5231	3.8963
33	11.6623	13.0638	52.5231	4.9658	4.4856	3.8668
34	12.1578	13.5065	34.5450	3.1796	2.8809	2.4705
35	12.3402	13.7744	35.0561	3.1376	2.8259	2.4315
36	12.8799	14.3945	38.3193	3.3358	2.9996	2.5798
37	12.6513	14.1476	39.6518	3.4408	3.0992	2.6628
39	14.0864	15.6208	45.5142	3.6244	3.2805	2.8422
40	13.3040	14.7351	35.1278	3.0184	2.7216	2.3195
41	14.4015	16.0308	37.3752	2.8708	2.5827	2.2027
42	12.1913	13.4063	27.2061	2.5156	2.2900	1.9767

　　注：①平均工资、平均劳动报酬、劳动力边际产出的单位为千元。②表中报告使用平均工资、劳动报酬、调整后的劳动报酬计算的三类工资扭曲程度的均值，主要分析基于调整后的劳动报酬计算的工资扭曲程度。

　　本书集中考察制造业行业，参照已有文献根据生产要素密集程度的行业分类（赵书华、张弓，2009；原媛等，2015），将制造业行业分为劳动密集型、资本密集型和技术密集型三类①。表5-8报告了三类不同要素密集类型行业企业的平均工资扭曲程度，结果显示技术密集型行业的工资扭曲程度略高于劳动密集型行业，资本密集型行业的工资扭曲程度最低。资本密集型行业是企业更多使用资本要素、较少使用劳动要素的行业，这类行业依靠资本密集方式发展，通常情况下其劳动力素质、劳动报酬以及劳动生产率均高于劳动密集型行业。技术密集型行业的平均劳动报酬在三类行业中最高，但其劳动力边际产出更高，劳动报酬和边际产出分别比劳动密集型行业高出17.32%和22.34%，由此导致技术密集型行业的工资扭曲程度最为严重。

表5-8　不同要素密集类型行业企业劳动力平均工资扭曲程度

行业	平均工资	劳动报酬	劳动边际产出	工资扭曲（工资）	工资扭曲（劳动报酬）	工资扭曲（报酬调整）
劳动密集型	10.8859	12.0236	33.4241	3.4853	3.1756	2.7272
资本密集型	11.8098	13.1686	35.9257	3.3499	3.0257	2.5999
技术密集型	12.6508	14.1058	40.8900	3.6196	3.2638	2.8035

　　注：①平均工资、平均劳动报酬、劳动力边际产出的单位为千元。②表中报告使用平均工资、劳动报酬、调整后的劳动报酬计算的三类工资扭曲程度的均值，主要分析基于调整后的劳动报酬计算的工资扭曲程度。

---

　　① 劳动密集型行业：13. 农副食品加工业；14. 食品制造业；15. 饮料制造业；16. 烟草制造业；17. 纺织业；18. 纺织服装、鞋、帽制造业；19. 皮革、毛皮、羽毛（绒）及其制品业；20. 木材加工及木、竹、藤、棕、草制品业；21. 家具制造业；22. 造纸及纸制品业；23. 印刷业和记录媒介的复印；24. 文教体育用品制造业；29. 橡胶制品业；30. 塑料制品业；42. 工艺品及其他制造业。资本密集型行业：25. 石油加工、炼焦及核燃料加工业；31. 非金属矿物制品业；32. 黑色金属冶炼及压延加工业；33. 有色金属冶炼及压延加工业；34. 金属制品业；35. 通用设备制造业；36. 专用设备制造业；41. 仪器仪表及文化、办公用机械制造业。技术密集型行业：26. 化学原料及化学制品制造业；27. 医药制造业；28. 化学纤维制造业；37. 交通运输设备制造业；39. 电气机械及器材制造业；40. 通信设备、计算机及其他电子设备制造业。

第二节　基于微观个体数据的劳动力工资
扭曲测度与结果分析

已有研究多从宏观地区或行业层面考察劳动力工资扭曲，基于个体劳动力视角定量测度工资扭曲的文献较为缺乏。本节放宽劳动力同质性的假设，采用微观个体调查数据测度个体劳动力的工资扭曲。受限于数据可得性，缺乏高质量的企业产出与劳动力工资水平等个体特征相匹配的数据，当前从个体视角测度工资扭曲的难点在于如何测量个体劳动生产率。

随机前沿分析方法（SFA）通常用于生产率评估，因其良好的扩展性和适用性，近年来引入微观劳动经济学领域。Lang（2005）较早使用随机前沿分析方法测算劳动力实际工资与潜在工资之间的差距，认为人力资本禀赋决定劳动者的生产能力和收入边界，而非实际获得的劳动报酬，理想状态下劳动报酬与劳动力边际产出一致，但现实劳动力市场运行中存在诸多因素可能导致二者的偏离。Lang（2005）借助 SFA 方法采用不同人力资本特征条件下的收入边界衡量个体劳动生产率，即潜在工资。

一　理论模型

本书采用随机前沿分析法测算个体层面劳动力工资扭曲程度。基于以实际产量与生产可能性边界的距离测度效率的思想，我们以劳动者实际工资率与工资可能性边界的距离测量劳动力价格扭曲程度（Lang，2005；庞念伟等，2014）。工资可能性边界即为理想状态下劳动力市场上不同人力资本投入组合可能达到的最高工资率，新古典主义经济理论认为实际工资率取决于劳动生产率，工资可能性边界可用于表示个体的劳动生产率。

假设 X_j 为个体劳动力的人力资本特征矩阵，$f(X_j, \theta)$ 表示完全竞争劳动力市场上，不同人力资本投入能够达到的最高工资率，用以代表个体的劳动生产率。劳动力实际工资不仅受到劳动生产率的影响，还存在制度障碍、信息不对称、交易成本等导致的劳动力市场扭曲，以及随机冲击 e^{v_j}，假定 φ_j 反映劳动力实际工资与劳动生产率之间的距离（周先波等，2015），那么个体劳动力 j 实际工资率 y_j 可表达为：

$$y_j = f(X_j, \theta) \, e^{v_j} \varphi_j \tag{5-4}$$

已有研究表明，中国劳动力市场工资扭曲主要表现为工资向下扭曲，即劳动力实际工资率低于劳动生产率（王宁和史晋川，2015；朱志胜，2016）。由此可知，$0 < \varphi_j \leqslant 1$，当 $\varphi_j = 1$ 时，劳动力实际工资与劳动生产率相等。$Ln\varphi_j \leqslant 0$，令 $\mu_j = -Ln\varphi_j$，那么 $\mu_j \geqslant 0$。假设存在 m 个因素 X_{1j}，X_{2j}，$\cdots$，X_{mj} 影响劳动生产率 $f(X_j, \theta)$。那么对上式两边取自然对数，可得：

$$Lny_j = \theta_0 + \theta_1 Lnx_{1j} + \theta_2 Lnx_{2j} + \cdots + \theta_m Lnx_{mj} + v_j - \mu_j \tag{5-5}$$

v_j 表示劳动力市场的随机冲击，$v_j \sim N(0, \sigma_v^2)$；$\mu_j \geqslant 0$，为单边扰动项，代表劳动力实际工资率与劳动生产率的距离。假设 v_j 和 μ_j 都属于 iid 且相互独立，复合扰动项 $\varepsilon_j \equiv v_j - \mu_j$ 为非对称分布，为得到参数以及劳动力实际工资率与劳动生产率距离的一致估计，需进行最大似然估计 MLE。

随机前沿分析方法通常采用三种模型假设：正态—半正态模型，$\mu_j \sim N^+(0, \sigma_\mu^2)$；正态—断尾正态模型，$\mu_j \sim N^+(\mu, \sigma_\mu^2)$，$\mu \geqslant 0$；正态-指数模型，$\mu_j \sim exp(\sigma_\mu)$，服从指数分布。$MLE$ 估计在三种模型假设下均可得到复合扰动项 $\varepsilon_j \equiv v_j - \mu_j$ 和单边扰动项 μ_j 的估计值，由此测算微观个体视角的劳动力工资扭曲 $WDistortion_j$，即劳动力实际工资率与劳动生产率的差距，劳动生产率/劳动力实际工资率：

$$WDistortion_j = \frac{f(x_j, \theta)}{y_j} = \frac{1}{e^{ln\psi_j}} = \frac{1}{e^{-\mu_j}} = E\left(\frac{1}{e^{-\mu_j}} \mid v_j - \mu_j\right) \tag{5-6}$$

二　计量模型与数据说明

依照微观个体视角下劳动力工资扭曲的理论模型（5-6），在 Mincer 工资决定方程的基础上构建实际测算工资扭曲的计量模型，以实际工资率为被解释变量，受教育程度、工作经验、性别、健康状况为主要投入变量。如下：

$$Lny_j = \theta_0 + \theta_1 Lnedu_j + \theta_2 Lnexper_j + \theta_3 Lnexper2_j + \theta_4 Gender_j + \theta_5 Health_j +$$
$$\nu_j - \mu_j \tag{5-7}$$

被解释变量 Lny_j 表示个体 j 的实际工资率，采用小时工资对数衡量，小时工资收入中包含了奖金、年终奖和实物补贴；$Lnedu_j$ 为个体 j 受教育年限的对数；采用本单位工龄表示劳动力的工作经验，$Lnexper_j$ 和 $Lnexper2_j$ 分别为工龄的对数和工龄平方的对数，平方项用于测度工作经验和工资水平之间的非线性关系；$Gender_j$ 代表个体 j 的性别，男性赋值为 1，女性赋值为 0；$Health_j$ 从 1 到 5 表示健康状况越来越好。

鉴于中国劳动力市场上存在较为严重的地区分割、行业分割和所有制分割的现象，在正态–断尾模型中进一步增加控制地区、行业和所有制性质，采用如下模型进行估计：

$$Lny_j = \theta_0 + \theta_1 Lnedu_j + \theta_2 Lnexper_j + \theta_3 Lnexper2_j + \theta_4 Gender_j + \theta_5 Health_j$$
$$+ Province_j + Industry_j + Owner_j + \nu_j - \mu_j \tag{5-8}$$

本书采用中国家庭追踪调查数据（CFPS2014 年、2016 年）测度劳动力个体层面的工资扭曲程度。CFPS 数据样本覆盖 25 省 162 个区县，代表中国 95% 的人口，是一项全国性、综合性的社会跟踪调查项目。本书根据变量的经济含义，删除了部分无效和主要变量缺失的样本，并对原始工资进行 2.5% 的双边缩尾处理，以避免异常值导致的估计偏误。小时工资为采用消费价格指数平减后的实际水平。最后，2014 年和 2016 年共得到 13426 个有效的劳动者个体样本。

三 个体劳动力工资扭曲测度结果分析

表 5-9 汇报了微观个体劳动力工资扭曲的测度回归结果。考虑到面板随机前沿分析法要求长面板数据，本书在正态—半正态、正态—指数、正态—断尾正态三种模型设定下分别对 2014 年和 2016 年数据进行最大似然估计 MLE。表 5-9 第（1）列到第（3）列、

第（4）列到第（6）列分别汇报 2014 年、2016 年两个年份的估计结果，主要投入变量（受教育年限、工龄、工龄平方、性别、健康状况）的估计结果与已有文献结论相似（周先波等，2015；王智波、李长洪，2016）。其他因素不变的情况下，增加受教育年限显著提高小时工资水平；工龄和小时工资呈现倒 U 形的曲线关系；男性相对于女性存在工资溢价；同等条件下，身体健康可以获得更高的报酬，均与传统的人力资本理论相符。

表 5-9　采用 SFA 测度微观个体劳动力工资扭曲的回归结果

变量名称	（1） 正态— 半正态模型	（2） 正态— 指数模型	（3） 正态— 断尾正态	（4） 正态— 半正态模型	（5） 正态— 指数模型	（6） 正态— 断尾正态
Gender	0.2550***	0.2550***	0.2560***	0.3010***	0.3020***	0.3020***
	(0.0154)	(0.0154)	(0.0154)	(0.0247)	(0.0247)	(0.0247)
Lnedu	0.0506***	0.0508***	0.0426***	0.059***	0.0590***	0.0590***
	(0.0019)	(0.0019)	(0.0020)	(0.0032)	(0.0032)	(0.0032)
Lnexper	0.0350***	0.0352***	0.0336***	0.0330***	0.0330***	0.0330***
	(0.0023)	(0.0023)	(0.0023)	(0.0036)	(0.0036)	(0.0036)
Lnexper2	-0.0007***	-0.0007***	-0.0007***	-0.0007***	-0.0007***	-0.0007*
	(0.0001)	(0.0001)	(0.0001)	(0.0001)	(0.0001)	(0.0001)
Health	0.0380***	0.0383***	0.0364***	0.0210*	0.0210*	0.0210*
	(0.0069)	(0.0069)	(0.0068)	(0.0113)	(0.0113)	(0.0113)
Constant	1.7340***	1.5310***	1.9290***	1.8230***	1.6130***	1.7380***
	(0.0721)	(0.0606)	(0.1080)	(0.1280)	(0.0976)	(0.1584)
Province	不控制	不控制	控制	不控制	不控制	控制
Industry	不控制	不控制	控制	不控制	不控制	控制
Owner	不控制	不控制	控制	不控制	不控制	控制
σ_ν	0.72	0.75	0.69	0.88	0.91	0.89
σ_μ	0.51	0.21	0.48	0.58	0.26	0.80
λ	0.71***	0.28***	0.70***	0.66***	0.28***	0.90***
N	8557	8557	8557	4497	4497	4497

注：①***、**、*分别表示在 1%、5% 和 10% 统计水平上显著。②（）内为标准误。③λ 表示信噪比，无效率项与随机扰动项的标准差之比（σ_μ/σ_ν）。

本书主要分析控制行业、地区和所有制因素后的断尾正态模型的测度结果，如表 5-10 所示。随机前沿模型假定复合扰动项中单边扰动非负，即 $\mu_j \geq 0$，$0 \leq \varphi_j \leq 1$。其经济含义是劳动力的实际工资不可能超过工资可能性边界，换言之，随机前沿分析方法无法反映工资向上扭曲的现象。如果存在实际工资高于可能性边界的劳动者，那么在单边扰动非负的假定下超出工资边界的部分将被抹掉，该劳动者的工资效率为 1，即实际工资率与劳动生产率相等，工资扭曲程度 $WDistortion_j$ 的数值为 1。表 5-10 显示，工资扭曲程度的最小值为 1.17，大于 1，说明不存在位于工资可能性边界以上的情况，意味着样本劳动力中没有出现工资向上扭曲的迹象。

根据表 5-10 断尾正态模型的测度结果，样本劳动力的平均工资扭曲程度约 1.65，劳动力实际工资比劳动生产率低 37.44%，意味着在不增加人力资本存量的情况下，消除市场扭曲可使实际工资水平提高 65.41%。具体来说，样本平均小时工资为 14.25 元，工资扭曲导致劳动力工资水平每小时相对降低 9.32 元。庞念伟等（2014）采用中国居民收入调查数据库（CHIP）2007 年数据，借助随机前沿分析方法测算得到 2007 年中国城镇劳动力市场上劳动力实际工资与工资可能性边界的差距约 40%；朱志胜（2016）采用同样的计量方法，利用中国综合社会调查 2005—2013 年数据，测算得到的中国城镇劳动力工资水平与边际产出的平均缺口为 25%—35%。本书测算发现 2014 年个体劳动力实际工资比劳动生产率低 40.60%，2016 年这一指标出现下降，为 31.42%，但劳动报酬与劳动生产率失衡的现象仍比较严重。

根据本章第 1 节采用企业数据测算的 1999—2013 年劳动力工资扭曲，2011 年、2012 年、2013 年的企业平均工资扭曲程度分别为 2.06、2.02、1.94，本节测度的 2014 年、2016 年个体劳动力平均工资扭曲程度为 1.75 和 1.48。采用两套数据实证测度的工资扭曲程度具有一致的变动趋势，且扭曲方向相同、扭曲大小相近，从企业视角和从个体劳动力视角的测度结果相互之间提供了稳健性证据。

表 5-10　　　　　　　微观个体劳动力工资扭曲测度结果

样本年份	变量	样本量	均值	标准误	最小值	最大值
2014 年	小时工资/元	8887	13.0651	12.8090	0.7200	64.0000
	工资扭曲	8557	1.7458	0.3593	1.1875	3.3751
	工资与生产率缺口	8557	0.4060	0.1063	0.1579	0.7037
2016 年	小时工资/元	4497	16.5811	22.3589	0.4464	156.2500
	工资扭曲	4497	1.4795	0.1932	1.1670	2.5283
	工资与生产率缺口	4497	0.3142	0.0770	0.1431	0.6045
全部样本	小时工资/元	13384	14.2464	16.7226	0.4464	156.2500
	工资扭曲	13054	1.6541	0.3369	1.1670	3.3751
	工资与生产率缺口	13054	0.3744	0.1066	0.1431	0.7037

注：工资与生产率缺口＝1-劳动力实际工资率/劳动生产率。

　　表 5-11 从受教育程度、性别与婚姻状态等维度展现不同特征劳动力的工资扭曲差异。总体而言，劳动力实际工资水平低于劳动生产率是不同教育程度劳动力的共同特征，初中及以下、高中、大专及以上学历劳动力的工资扭曲程度分别为 1.68、1.66、1.52，教育程度提高对降低工资扭曲的作用明显，整体上表现出高人力资本劳动力工资扭曲程度更低的特征，初中及以下教育程度劳动力更难获得合理的劳动报酬。从性别与婚姻状态来看，已婚女性劳动力工资扭曲程度高于未婚女性，高出 1.85%，已婚男性劳动力工资扭曲相比未婚男性降低了 7.27%，婚姻对于男性劳动力市场表现具有积极作用，但已婚女性在劳动力市场上更难获得与劳动生产率相匹配的报酬水平。婚姻表现出加剧女性工资扭曲、缓解男性工资扭曲的特征现象。

　　需要注意的是，采用随机前沿分析方法测算个体劳动力工资扭曲存在一定的局限性。SFA 利用劳动力潜在的工资可能性边界作为劳动生产率的代理变量，本质上是在特定劳动力市场环境中，根据人力资本投入组合以及实际工资率计算劳动力在理想状态下的最高工资边界，即工资前沿面，以此衡量个体劳动生产率。但受到数据限制，缺乏个体劳动力所在企业生产要素结构、产出水平的数据，仅根据劳动力的人力资本特征计算其劳动生产率可能存在一定偏差，比如未考虑到资本密集型行业、技术密集型行业中劳动力与先进技术设备、管理经验和制度等要素的结合、互补程度，可能导致对这部分行业劳动生产率、劳动力工资扭曲程度的低估，进而造成从个体劳动力出发测度的工资扭曲随教育程度提高逐渐降低、而利用企业数据测算的技术密集型行业企业的工资扭曲均值略高于劳动密集型行业的现象。

表 5-11   **不同教育程度劳动力工资扭曲程度**

组别	样本量	工资扭曲均值	标准误	最小值	最大值
初中及以下	9237	1.6759	0.3367	1.1670	3.2454
高中	2209	1.6624	0.3585	1.2020	3.3751
大专及以上	1608	1.5168	0.2682	1.2052	3.2590
女性未婚	1294	1.6427	0.3263	1.1670	2.9005
女性已婚	3949	1.6546	0.3342	1.1690	3.0526
男性未婚	1961	1.6934	0.3719	1.1967	3.2075
男性已婚	5850	1.6430	0.3276	1.1722	3.3751

第三节　本章小结

本章将测度工资扭曲的视角细化至微观层面，分别采用生产函数法、随机前沿分析方法测度企业和个体劳动力的工资扭曲程度，测度结果如下。

第一，中国制造业企业存在严重的工资向下扭曲，并且企业之间扭曲差异巨大。制造业中80%左右的企业存在平均工资水平低于

劳动力边际产出的现象，使用企业应付工资和劳动报酬数据计算的
工资扭曲均值分别为 3.49 和 3.17，考虑到企业劳动报酬数据可能
被低估，采用宏观投入产出表对微观企业劳动报酬进行同比例调整
后，平均工资扭曲程度仍高达 2.72。1999—2007 年期间，劳动力工
资扭曲程度呈现波动上升趋势，2008 年之后工资扭曲程度得以缓
解。在不同所有制类型企业中，工资扭曲程度从高到低依次为民营
企业、国有企业、外资企业；在不同要素密集型行业中，技术密集
型行业的工资扭曲程度略高于劳动密集型行业，资本密集型行业的
工资扭曲程度最低。

　　第二，采用随机前沿分析法测度的个体劳动力工资扭曲普遍呈
现实际工资率低于劳动生产率的工资向下扭曲，并存在显著的个体
差异。2014 年、2016 年个体劳动力平均工资扭曲程度为 1.75 和
1.48，2016 年工资扭曲出现下降，但劳动报酬与劳动生产率失衡的
现象仍比较严重。教育程度提高对降低工资扭曲的作用明显，整体
上表现出高人力资本劳动力工资扭曲程度更低的特征，初中及以下
教育程度劳动力更难获得合理的劳动报酬；婚姻表现出加剧女性工
资扭曲、缓解男性工资扭曲的特征现象。采用随机前沿分析方法测
度个体劳动力工资扭曲存在可能低估劳动生产率个体差异的局
限性。

第六章　劳动力工资扭曲对企业创新
影响的实证分析

　　Jones（2011）指出，扭曲的要素价格无法准确传递要素禀赋信息，将影响微观企业的要素投入组合方式与创新决策选择。张杰等（2011）以及戴魁早和刘友金两位学者的一系列研究表明，中国要素市场整体扭曲抑制企业创新活动。聚焦到劳动力市场，中国改革开放以来，劳动力工资扭曲为经济高速增长提供了重要的支撑力量，但工资扭曲对微观企业创新活动究竟产生何种影响？伴随经济人口转型趋势，回答这一问题具有重要的理论和现实意义。本章采用中国工业企业数据库，实证检验劳动力工资扭曲与企业创新行为之间的关系，细致处理实证分析中存在的内生性问题，从多个角度设计稳健性检验环节，为探讨劳动力工资扭曲对企业创新的影响提供直接的经验证据。

第一节　劳动力工资扭曲对企业创新
影响的计量模型设定

一　基准回归模型设定与变量选择

　　基于现有研究，为考察中国劳动力市场工资扭曲对企业创新产生何种影响，构建如下基准计量模型：

$$Innovation_{it} = \alpha_0 + \alpha_1 WDistortion_{it} + \alpha_2 X_{it} + \alpha_3 Z_{it} + \lambda_i + \delta_t + \varepsilon_{it} \qquad (6-1)$$

　　其中，下标 i 和 t 分别对应企业和年份，$Innovation_{it}$ 表示企业 i

在 t 期的创新行为。根据第 2 章对现有文献中企业创新测量指标的梳理、归纳和总结，采用创新产出类测量指标中的新产品产值衡量企业创新，以新产品产值对数作为主要分析的被解释变量，以新产品产值占工业总产值比重以及企业是否有新产品两个指标作为稳健性检验。

$WDistortion_{it}$ 表示企业 i 在 t 期的劳动力工资扭曲程度，采用劳动力边际产出与实际工资水平（包含各项福利费）的比值衡量。第 5 章使用工业企业数据库提供的应付工资、劳动报酬以及根据投入产出表劳动收入占比调整后的劳动报酬数据，计算了三种工资扭曲程度，考虑到 Hsieh 和 Klenow（2007）、张天华和张少华（2016）指出的中国工业企业数据可能存在的劳动报酬低估问题，本书在实证分析中主要采用基于宏观核算数据调整后的劳动报酬计算的工资扭曲程度，同时在附录中提供采用企业劳动报酬调整前的工资扭曲进行的主要实证回归结果，作为稳健性证据，见附表 C1 至附表 C5。

X_{it} 是企业 i 在 t 期的特征变量集，根据张杰等（2011）、Wachsen 和 Blind（2016）等企业创新相关文献，在实证分析中控制的企业特征包括：企业规模 $Scale_{it}$，企业规模与创新之间存在密切联系，但二者的关系并未得到一致的研究结论，有学者认为规模越大的企业越倾向于创新，也有学者认为小企业更具灵活性和创新能力（董新兴、刘坤，2016），本书使用企业总资产的对数衡量企业规模。企业年龄 Age_{it}，持续经营时间是影响企业创新的重要因素，不同发展阶段企业战略决策有所不同。出口占比 $Export_{it}$，出口和企业创新的关系得到学者的广泛关注（黄先海等，2018）使用出口交货值与工业总产值的比重反映企业的出口行为。利润率 $Profit_{it}$，使用利润总额与销售总产值的比值衡量企业盈利状况，一方面创新活动需要大量资金投入，利润率提高有助于企业开展创新活动，另一方面也反映出当前企业拥有良好的利润来源，可能来自利润方面的创新压力较小。引入资产负债率 $Leverage_{it}$ 控制企业资本结构对创新的影响，还考虑了企业资产流动性 $Liquidity_{it}$ 对创新的影响，使用流动资产与流动负债的差额占总资产的比重作为流动比率的代理变量。政府补贴 $Subsidy_{it}$，大量文献研究了政府补贴对企业创新的作用（杨洋等，2015），本书控制了企业获得的政府补贴的对数。劳动生产率 $Productivity_{it}$，一个企业的劳动生产率与其工资扭曲状况密切相关，同时又对创新活动产生重要影响（虞义华等，2018），因此将企业劳动生产率纳入实证模型。

Z_{it} 是企业 i 所在区域和行业在 t 期的控制变量集，行业层面控制了行业新产品比重 $Innovation_{ind}$，以减少行业性质导致的新产品差异对回归结果的干扰；地区层面控制了地区人均 GDP 水平 $PerGDP$ 和平均工资水平 $AverageW$ 变量，以控制经济发展状况对企业创新和劳动力工资扭曲的同时性影响。λ_i 和 δ_t 分别表示个体和时间固定效应，企业个体固定效应控制企业层面不可观测变量对创新的影响，如企业文化、理念和员工努力程度等，时间固定效应控制宏观经济波动等影响所有企业的外生冲击因素，ε_{it} 为随机扰动项，服从正态分布，刻画其他非特异性因素。本节重点关注系数 α_1，它衡量工资扭曲对企业创新的影响。

二 数据来源与描述性统计

被解释变量企业创新活动——新产品产值对数、新产品产值比重和是否有新产品，以及企业特征变量均来自中国工业企业数据库，并且根据工业企业数据库计算得到企业劳动力工资扭曲程度，投入产出表来源于国家统计局国民经济核算司。地区人均 GDP 和各类价格指数来自《中国统计年鉴》，行业新产品比重数据来源于《中国科技统计年鉴》。数据基本处理后，为减少异常值的影响，进一步对工业增加值、工资总额、劳动报酬等关键变量进行前后 1% 截尾处理。大量文献以及本书第 5 章对中国劳动力工资扭曲程度的测算结果均表明，中国劳动力市场呈现普遍的劳动力工资向下扭曲，因此在实证分析中以工资向下扭曲的企业作为主要研究对象，并在稳健性检验中单独增加对工资向上扭曲企业样本的考察。各主要变量的含义和描述性统计如表 6-1 所示：

表 6-1　　　　　　　　　　　**主要变量的描述性统计**①

变量名称	变量描述	样本量	均值	最小值	最大值
$InnovationV$	新产品产值对数	1144929	0.7451	0.0000	15.5780
$InnovationR$	新产品产值占工业总产值比重%	1144929	3.0779	0.0000	97.9912
$InnovationW$	新产品产值大于 0，赋值 1	1148252	0.0833	0.0000	1.0000
$WDistortion$	劳动力边际产出/调整后的劳动报酬	1148252	3.4736	1.0000	20.1162
$Scale$	总资产的对数	1148252	4.5934	2.0794	7.8594
Age	企业年龄	1147555	8.6015	1.0000	184.0000
$Export$	出口交货值/工业总产值	1146632	0.1395	0.0000	13.5460
$Profit$	利润总额/销售总产值	1148073	0.0387	-0.2288	0.2188
$Leverage$	总负债/总资产	1148252	0.5647	0.0152	1.3968
$Liquidity$	（流动资产-流动负债）/总资产	1075873	0.0694	-0.6014	0.6595
$Subsidy$	政府补贴的对数	1148252	0.2186	0.0000	2.7224
$Productivity$	劳动力边际产出的对数	1148252	3.5110	0.7012	5.8162
$Innovation_{ind}$	行业新产品产值占工业总产值比重%	1148252	14.2087	1.7700	46.8400
$AverageW$	地区平均工资（千元）	1148252	14.9279	5.4224	33.7322
$PerGDP$	地区人均 GDP（千元）	1148252	17.2444	2.4576	49.0183
$Edustruc$	大专及以上人口占比（%）	1148252	6.5042	0.0900	30.1300
$MinimumW$	地区最低工资（元）	1148039	484.0937	184.4262	2473.1180
$Provcd$	省份代码	1148252	34.7724	11.0000	65.0000
Ind	二分位制造业行业代码	1148252	27.5991	13.0000	42.0000

第二节　劳动力工资扭曲对企业创新影响的主要实证结果分析

一　基准回归结果与分析

表 6-2 报告了劳动力工资扭曲对企业创新影响的基准模型回归

---

① 汇报工资向下扭曲企业样本的变量统计。

结果。第（1）列仅以工资扭曲对企业新产品产值进行简单 OLS 回归，估计系数在 1% 统计水平上显著为负；第（2）列在简单回归基础上增加控制企业特征及其所在地区和行业特征，仍支持工资扭曲对创新的负向影响。第（3）列采用面板固定效应进行回归，F 检验强烈拒绝原假设，表明固定效应优于混合回归，与第（4）列随机效应对比的 Hausman 检验也支持固定效应模型；第（3）列面板固定效应回归结果显示，工资扭曲对创新产值的估计系数在 1% 显著性水平上为负，工资扭曲每扩大 10%，引起企业创新产值降低约 0.36%，企业工资水平低于劳动力边际产出的程度越高，其创新产值越低。为防止关键变量指标单一造成虚假回归问题，第（5）列和第（6）列分别采用新产品比重、是否有新产品作为被解释变量，回归结果均支持工资扭曲对企业创新的抑制作用。

控制变量系数表明（见表 6-2 第（3）列），其他条件不变，经营时间长、规模较大、出口占比较高、劳动生产率高、能够获得政府补贴的企业，创新产值更高；利润率、资产负债率和流动比率对企业创新表现为负向影响；地区平均工资和人均 GDP 水平对创新活动具有促进作用，与现有文献结论大致相同（董晓芳、袁燕，2014；孔东民等，2017；周开国等，2017）。

表 6-2　　劳动力工资扭曲对企业创新影响的基准回归结果

变量名称	（1）新产品产值 OLS	（2）新产品产值 OLS	（3）新产品产值 FE	（4）新产品产值 RE	（5）新产品比重 FE	（6）是否有新产品 Xtprobit
WDistortion	−0.0544***	−0.3164***	−0.0355***	−0.1864***	−0.0079***	−0.2925***
	（0.0033）	（0.0057）	（0.0066）	（0.0053）	（0.0024）	（0.0092）
Scale		0.3923***	0.2659***	0.3603***	0.0634***	0.4169***
		（0.0032）	（0.0063）	（0.0032）	（0.0023）	（0.0053）
Age		0.0150***	0.0012**	0.0116***	0.0006***	0.0129***
		（0.0003）	（0.0006）	（0.0003）	（0.0002）	（0.0005）

续表

变量名称	（1） 新产品 产值 OLS	（2） 新产品 产值 OLS	（3） 新产品 产值 FE	（4） 新产品 产值 RE	（5） 新产品 比重 FE	（6） 是否有 新产品 Xtprobit
Export		0.1283 ***	0.5925 ***	0.2372 ***	0.2094 ***	0.4440 ***
		(0.0080)	(0.0156)	(0.0092)	(0.0056)	(0.0147)
Profit		1.0133 ***	−0.5190 ***	0.1223 ***	−0.1247 ***	0.0993
		(0.0432)	(0.0483)	(0.0382)	(0.0174)	(0.0624)
Leverage		−0.0626 ***	−0.0469 ***	−0.0731 ***	−0.0217 ***	−0.1297 ***
		(0.0106)	(0.0164)	(0.0119)	(0.0059)	(0.0207)
Liquidity		0.0213 **	−0.0750 ***	−0.0134	−0.0252 ***	−0.0296
		(0.0102)	(0.0137)	(0.0107)	(0.0049)	(0.0185)
Subsidy		0.2882 ***	0.1116 ***	0.1932 ***	0.0365 ***	0.1909 ***
		(0.0053)	(0.0047)	(0.0039)	(0.0017)	(0.0057)
Productivity		0.5132 ***	0.1164 ***	0.3584 ***	0.0184 ***	0.4580 ***
		(0.0054)	(0.0069)	(0.0051)	(0.0025)	(0.0087)
$Innovation_{ind}$		0.0150 ***	−0.0097 ***	0.0079 ***	−0.0027 ***	0.0124 ***
		(0.0003)	(0.0006)	(0.0004)	(0.0002)	(0.0006)
AverageW		−0.0059 ***	0.0222 ***	−0.0077 ***	0.0052 ***	−0.0418 ***
		(0.0012)	(0.0055)	(0.0013)	(0.0020)	(0.0021)
PerGDP		−0.2216 ***	0.4619 ***	−0.0417 ***	0.1493 ***	−0.0832 ***
		(0.0073)	(0.0124)	(0.0075)	(0.0045)	(0.0123)
Provcd	不控制	控制	控制	控制	控制	控制
Ind	不控制	控制	控制	控制	控制	控制
Constant	0.7979 ***	−1.0566 ***	−7.0557 ***	−2.1545 ***	−2.1091 ***	−6.2918 ***
	(0.0041)	(0.0649)	(0.7951)	(0.0696)	(0.2861)	(0.1179)
F	268.3294	2399.2961	573.7819		389.4785	
R^2	0.0002	0.0574	0.0118		0.0080	
N	1144929	1071771	1071771	1071771	1071771	1073471

注：①括号内为稳健标准误。②＊、＊＊、＊＊＊分别表示 10%、5%、1% 的显著性水平。③为便于分析劳动力工资扭曲估计系数的经济含义，在实证分析中对工资扭曲程度取自然对数，系数即表示新产品产值对工资扭曲的弹性。

考虑 2008 年以后年份存在较为严重的数据缺失问题，2008—2013 年缺失工业增加值、工业增加值率、中间品投入、本年应付福利费总额等数据，需要在 1998—2007 年数据的基础上补齐，一定程度上可能影响严谨性和准确性。因此本书主要采用 1999—2007 年企业样本进行回归（见表 6-2），但考虑到研究的时效性，以及研究结论的稳健性与对当下的指导意义，借鉴王永钦等（2018）的方法对上述重要变量的缺失数据进行补充，整合了 1999—2013 年的数据。表 6-3 汇报了基于 1999—2013 年样本的回归结果，工资扭曲对企业创新产值对数、创新产值比重、是否有新产品的估计系数分别为 -0.04、-0.01、-0.21，均在 1% 统计水平上异于零，且系数大小与 1999—2007 年样本的基准回归结果较为接近，表明工资扭曲抑制企业创新的基本结论并未随时间而发生改变。对于以劳动密集型为主的中国制造业而言，工资扭曲抑制企业创新具有一般性特征。因此，采用 1999—2007 年样本得出的研究结论对当下仍具有现实意义。

表 6-3　　　　　　　劳动力工资扭曲对企业创新影响的

回归结果（1999—2013 年）

变量名称	（1）新产品产值 FE	（2）新产品比重 FE	（3）是否有新产品 Xtprobit
WDistortion	-0.0371***	-0.0129***	-0.2128***
	(0.0062)	(0.0021)	(0.0073)
Scale	0.1487***	0.0221***	0.2410***
	(0.0042)	(0.0014)	(0.0029)
Age	0.0014***	0.0004**	0.0072***
	(0.0005)	(0.0002)	(0.0004)
Export	0.5355***	0.1779***	0.6045***
	(0.0131)	(0.0045)	(0.0112)
Profit	-0.6063***	-0.1705***	0.3924***
	(0.0419)	(0.0145)	(0.0467)

续表

变量名称	(1) 新产品产值 FE	(2) 新产品比重 FE	(3) 是否有新产品 Xtprobit
Leverage	0.0221	−0.0039	0.0384 **
	(0.0139)	(0.0048)	(0.0156)
Liquidity	0.0020	−0.0076 *	0.0370 ***
	(0.0116)	(0.0040)	(0.0138)
Subsidy	0.0383 ***	0.0110 ***	0.0354 ***
	(0.0013)	(0.0004)	(0.0013)
Productivity	0.0504 ***	0.0029 *	0.1633 ***
	(0.0046)	(0.0016)	(0.0048)
Innovation$_{ind}$	−0.0003	0.0016 ***	−0.0017 ***
	(0.0005)	(0.0002)	(0.0004)
AverageW	0.0274	−0.0173 *	0.1178 ***
	(0.0282)	(0.0097)	(0.0139)
PerGDP	0.1710 ***	0.0079 **	−0.8594 ***
	(0.0100)	(0.0034)	(0.0073)
Provcd	控制	控制	控制
Ind	控制	控制	控制
Constant	−0.7681	0.4775 ***	1.5901 ***
	(0.5095)	(0.1762)	(0.0735)
F	536.3468	211.9066	
R^2	0.0078	0.0031	
N	1424195	1424195	1703518

注：①括号内为稳健标准误。②＊、＊＊、＊＊＊分别表示10%、5%、1%的显著性水平。

二　内生性问题处理

劳动力工资扭曲对企业创新的基准回归结果可能受到内生性问题的干扰。一方面，尽管面板固定效应模型在很大程度上缓解企业异质性特征可能带来的内生性，但是工资扭曲与企业创新之间受某一地区因素共同影响而产生的估计偏误仍不可完全避免。另一方面，无法排除企业创新利润引起工资扭曲减轻的反向因果关系，根据租金分享理论，创新是高工资的来源之一，创新型企业通常有更高的平均工资（Reenen，1996）。主要从以下两方面缓解来自遗漏变量和反向因果的内生性问题。

（一）增加可能遗漏的重要变量

人力资本是影响企业自主创新的重要因素（孙文杰和沈坤荣，2009），地区人力资本结构通过影响企业人力资本供给和构成，进而影响企业创新，同时地区整体人力资本水平还会影响劳动力市场工资扭曲环境，自然对置身其中的企业工资扭曲程度产生不可忽视的影响。表6-4第（1）列采用省级层面大专及以上人口占6岁以上人口的比重衡量地区人力资本结构，地区高人力资本比重在1%统计水平上显著促进企业新产品产值提升，加入该变量后工资扭曲的估计系数相较于基准回归结果出现小幅下降。倪骁然和朱玉杰（2016）发现，增强劳动保护能够促进企业创新，而劳动保护的增强同时有助于降低企业工资扭曲程度，如果不控制企业面临的劳动保护政策环境，可能导致工资扭曲对企业创新的影响一部分反映的是劳动保护政策的作用。现有文献研究劳动保护的影响通常基于2008年《劳动合同法》的实施，但样本期间在2008年之前，因此选取各地区最低工资标准来衡量劳动保护环境。中国1994年开始实行最低工资制度，2004年颁布《最低工资规定》，尽管最低工资标准主要保障低收入群体的利益，但对低收入群体的保障也能够反映一个地区劳动力市场的权益保护状况。王珏和祝继高（2018）认为通常人均收入高的地区，最低工资标准也相应较高，在控制地区人均GDP水平和平均工资后，最低工资标准可以衡量对员工利益的保障程度。表6-4第（2）列显示，地区最低工资标准对企业新产品产值的估计系数为0.99，在1%显著性水平上异于零，第（3）列同时加入地区人力资本结构和最低工资标准变量后，二者估计系数与分别加入时较为接近，与基准回归相比，工资扭曲的估计系数降低了约 5.63%①，表明一部分本该由地区人力资本结构和劳动保护环境解释的效应在基准回归中被工资扭曲解释了，遗漏变量导致工资扭曲对企业创新的估计系数出现上偏。考虑到同一行业、同一地区不同年份之间可能相互影响，第（4）列和第（5）列分别汇报行业和地区层面的聚类稳健标准误，工资扭曲估计系数仍在 1% 显著性水平上通过检验。

表 6-4　　　　　　　　　　增加可能的遗漏变量

变量名称	（1） FE	（2） FE	（3） FE	（4） FE_行业聚类	（5） FE_地区聚类
WDistortion	-0.0351*** （0.0066）	-0.0338*** （0.0066）	-0.0335*** （0.0066）	-0.0335*** （0.0032）	-0.0335*** （0.0128）
Edustruc	0.0579*** （0.0019）		0.0550*** （0.0019）	0.0550*** （0.0033）	0.0550*** （0.0100）
MinimumW		0.9928*** （0.0373）	0.9227*** （0.0374）	0.9227*** （0.0230）	0.9227*** （0.1251）
Scale	0.2668*** （0.0063）	0.2694*** （0.0063）	0.2700*** （0.0063）	0.2700*** （0.0209）	0.2700*** （0.0184）
Age	0.0004 （0.0006）	0.0010* （0.0006）	0.0002 （0.0006）	0.0002 （0.0008）	0.0002 （0.0011）
Export	0.5839*** （0.0156）	0.5864*** （0.0156）	0.5786*** （0.0155）	0.5786*** （0.0163）	0.5786*** （0.0654）
Profit	-0.4451*** （0.0483）	-0.5158*** （0.0483）	-0.4460*** （0.0483）	-0.4460*** （0.0456）	-0.4460*** （0.0928）
Leverage	-0.0538*** （0.0164）	-0.0489*** （0.0164）	-0.0553*** （0.0164）	-0.0553*** （0.0073）	-0.0553* （0.0295）
Liquidity	-0.0797*** （0.0137）	-0.0805*** （0.0137）	-0.0846*** （0.0137）	-0.0846*** （0.0072）	-0.0846*** （0.0220）
Subsidy	0.1119*** （0.0047）	0.1102*** （0.0047）	0.1106*** （0.0047）	0.1106*** （0.0126）	0.1106*** （0.0098）

① -5.63% = （0.0335-0.0355）/0.0355。

续表

变量名称	（1） FE	（2） FE	（3） FE	（4） FE_行业聚类	（5） FE_地区聚类
$Productivity$	0.1179 ***	0.1194 ***	0.1207 ***	0.1207 ***	0.1207 ***
	（0.0069）	（0.0069）	（0.0069）	（0.0061）	（0.0150）
$Innovation_{ind}$	−0.0079 ***	−0.0114 ***	−0.0096 ***	−0.0096 ***	−0.0096 ***
	（0.0006）	（0.0006）	（0.0006）	（0.0016）	（0.0017）
$AverageW$	0.0222 ***	0.0251 ***	0.0249 ***	0.0249 ***	0.0249 ***
	（0.0055）	（0.0055）	（0.0055）	（0.0067）	（0.0092）
$PerGDP$	0.1823 ***	−0.2821 ***	−0.4950 ***	−0.4950 ***	−0.4950 ***
	（0.0153）	（0.0306）	（0.0314）	（0.0467）	（0.1021）
$Provcd$	控制	控制	控制	控制	控制
Ind	控制	控制	控制	控制	控制
$Constant$	−5.0660 ***	−5.6720 ***	−3.8813 ***	−3.8813 ***	−3.8813 ***
	（0.7971）	（0.7964）	（0.7982）	（1.1272）	（1.2852）
F	600.0336	583.1832	601.0589	972.0211	22.3316
R^2	0.0132	0.0128	0.0141	0.0141	0.0141
N	1071771	1071608	1071608	1071608	1071608

注：①括号内为稳健标准误。②＊、＊＊、＊＊＊分别表示10%、5%、1%的显著性水平。

（二）工具变量估计

传统的工具变量方法依赖于寻找一个影响企业劳动力工资扭曲程度、同时对创新活动没有任何影响的外生变量，但是与工资扭曲程度相关性较高的可能会通过其他渠道影响企业创新，不受创新活动影响的外生变量与工资扭曲的相关性又可能较弱，寻找一个有效的外部工具变量非常困难，这也是相关文献对工具变量部分争议较大的原因（林炜，2013；赵西亮、李建强，2016）。Lewbel（1997）提出一种不借助外部因素构建有效内部工具变量的方法，张杰等（2011）、高翔等（2018）均采用这种方式构建要素市场扭曲的工具变量，这里也选取Lewbel（1997）方法尝试建立工资扭曲的工具变量：

$$LewbelIV=(企业工资扭曲-行业层面工资扭曲均值)^3 \qquad (6-2)$$

表 6-5 汇报了工具变量估计结果，第（1）列是作为对照的基准模型回归结果，第（2）列和第（3）列为使用 Lewbel 工具变量的一阶段和二阶段估计结果，一阶段估计显示工具变量与工资扭曲显著正相关，F 统计值远大于经验规则 10，说明不存在弱工具问题，二阶段回归中工资扭曲的估计系数为-0.03，在 1% 显著性水平上通过检验，与基准回归结果相比，工资扭曲对企业创新的解释力降低了 10.45%[①]，表明反向因果和遗漏变量问题共同导致基准模型高估了工资扭曲对企业创新的影响效应。第（4）列和第（5）列以企业是否有新产品为被解释变量，汇报了工具变量的一阶段和二阶段回归结果，劳动力工资扭曲对企业创新具有抑制效应，同时为工具变量回归的稳健性提供了证据。进一步建立半简化式回归（Semi-Reduced Form Regression），检验构建的 Lewbel 工具变量是否符合"排他性约束"条件，验证思路在于，如果工具变量与基准模型扰动项不相关，将工具变量加入基准模型进行回归，其估计系数会表现为无显著影响（孙圣民、陈强，2017）。表 6-5 第（6）列将 Lewbel 工具变量作为解释变量加入第（1）列基准模型回归中，其估计系数并未通过显著性检验，表明 Lewbel 工具变量除通过内生变量工资扭曲外，不存在影响企业创新的其他直接途径，佐证了该工具变量的外生性。

表 6-5　　　　　　　　　　**工具变量估计结果**

变量名称	（1）新产品产值 FE	（2）工资扭曲一阶段	（3）新产品产值 IV	（4）工资扭曲一阶段	（5）是否有新产品 IVProbit	（6）新产品产值 FE
WDistortion	-0.0335***		-0.0300**		-0.1604***	-0.0350***
	(0.0066)		(0.0121)		(0.0061)	(0.0079)

① 10.45% = (0.0300-0.0335) /0.0335

变量名称	(1) 新产品 产值 FE	(2) 工资扭曲 一阶段	(3) 新产品 产值 IV	(4) 工资扭曲 一阶段	(5) 是否有 新产品 IVProbit	(6) 新产品 产值 FE
LewbelIV		0.2013 *** (0.0004)		0.2766 *** (0.0003)		0.0010 (0.0029)
Controls	控制	控制	控制	控制	控制	控制
Constant	−3.8813 *** (0.7982)	2.5832 *** (0.1234)	−3.8935 *** (0.7990)	1.8298 *** (0.0077)	−1.9448 *** (0.0467)	−3.8805 *** (0.7982)
F	601.0589	99789.3				565.7090
R^2	0.0141	0.7031	0.0141			0.0141
N	1071608	1071608	1071608	1460097	1460097	1071608

注：①括号内为稳健标准误。②*、**、***分别表示10%、5%、1%的显著性水平。③控制变量 *Controls* 与表6-4相同。

第三节 劳动力工资扭曲对企业创新 影响的稳健性检验

一 设定不同类型生产函数

第5章将生产函数设定为C-D函数形式，并使用OP方法估计生产函数的要素产出弹性，测算工资扭曲程度。与C-D生产函数相比，超越对数生产函数放松了常替代弹性的假设，形式更加灵活，有助于避免函数形式设定不当带来的估计误差，因此本节在超越对数生产函数设定下重新测算劳动力工资扭曲程度。借鉴姚战琪（2010），将超越对数生产函数具体设定为：

$$LnY_{it} = \beta_0 + \beta_K LnK_{it} + \beta_L LnL_{it} + 1/2\beta_{KK}(LnK_{it})^2 + 1/2\beta_{LL}(LnL_{it})^2 +$$
$$\beta_{LK}LnL_{it} \times LnK_{it} + \mu_{it} \tag{6-3}$$

LnY_{it}、LnL_{it} 和 LnK_{it} 分别表示企业在 t 时期的工业增加值以及劳

动、资本投入量的对数，μ_{it} 为误差项。则劳动力边际产出为：

$$MPL_{it} = \partial Y_{it} / \partial L_{it} = (Y_{it} \partial Ln Y_{it}) / (L_{it} \partial Ln L_{it}) = (Y_{it} / L_{it}) \times$$

$$(\beta_L + \beta_{LL} Ln L_{it} + \beta_{LK} Ln K_{it}) \tag{6-4}$$

据此重新测算劳动力工资扭曲 $WDistortion_{it} = MPL_{it} / \omega_{it}$，表6-6展示了超越对数生产函数设定下分别使用企业劳动报酬、根据宏观核算数据调整后的企业劳动报酬计算的工资扭曲程度，扭曲均值分别为2.69和2.31，再次印证了中国劳动力市场以工资向下扭曲为主的基本事实。表6-7第（1）列和第（2）列分别汇报了基于超越对数生产函数、使用调整前后的企业劳动报酬计算的两种工资扭曲程度对企业创新的影响，估计系数均在1%显著性水平上为负，且与基于C-D生产函数设定、采用OP方法计算的工资扭曲的估计系数大小相近，表明工资扭曲对企业创新活动的抑制效应在不同生产函数设定下具有良好的稳健性。

表 6-6　　　劳动力工资扭曲程度（超越对数生产函数）

变量	样本量	均值	标准差	最小值	最大值
工资扭曲（劳动报酬）	1570655	2.6900	2.8480	0.3100	31.1230
工资扭曲（报酬调整）	1570655	2.3050	2.4400	0.2650	25.8290

表 6-7　　　　　　　　稳健性检验回归结果

变量名称	（1）Translog	（2）Translog	（3）指标替换	（4）指标替换	（5）考虑零值偏误
$WDistortion_{Translog}$	-0.0514*** (0.0066)				
$WDistortion_{Translogadj}$		-0.0333*** (0.0070)			
$WDistortion_{rewarddispersion}$			-0.0832** (0.0381)		
$WDistortion_{mpldispersion}$				-0.0819*** (0.0242)	

续表

变量名称	(1) Translog	(2) Translog	(3) 指标替换	(4) 指标替换	(5) 考虑零值偏误
WDistortion					−0.0134*** (0.000)
Controls	控制	控制	控制	控制	控制
Constant	−4.9431*** (0.8327)	−3.8678*** (0.8028)	−3.7797*** (0.8040)	−3.7517*** (0.8012)	0.9867*** (0.0171)
F	536.6975	606.2094	599.7223	600.1472	
R^2	0.0140	0.0141	0.0140	0.0140	
N	975420	1074492	1071608	1071608	1071608

注：①括号内为稳健标准误。②*、**、***分别表示10%、5%、1%的显著性水平。③控制变量Controls与表6-4相同。

二 替换劳动力工资扭曲指标

关注的核心解释变量劳动力工资扭曲，采用实际工资水平与边际产出的偏离程度衡量。完全竞争劳动力市场上，劳动要素能够在城市、部门和企业之间自由流动，最优配置过程即为工资水平与边际产出的趋同化，而工资扭曲意味着市场上存在劳动力错配的情况。换言之，最大化产出的条件是，劳动力配置实现各地区、各行业之间边际产出相等、工资水平相等（潘士远等，2018）。Hsieh和Klenow（2007）指出，当一个地区资源配置达到最优时，同一行业企业间的边际产出将相等，不存在生产率差距；Hsieh和Moretti（2019）使用地区工资离散程度反映其劳动力配置效率。鉴于此，分别采用制造业四分位行业内企业间工资离散程度和边际产出离散程度作为工资扭曲的替代指标，具体地，以各细分行业90分位数平均工资（边际产出）与10分位数平均工资（边际产出）的比值刻画。表6-7第（3）列和第（4）列中，分别以工资离散程度和边际产出离散程度替换工资扭曲指标，估计系数均显著为负，研究结论依然稳健。

三　考虑零值偏误

样本中存在大量新产品产值为零的情况，可能的原因：①企业未进行新产品研发，新产品产值确实为零；②新产品产值不为零，但企业未统计相关信息；③统计误差（董晓芳、袁燕，2014）。使用零膨胀泊松回归（ZIP）控制零值样本可能带来的估计偏误，ZIP回归第一步通过 Logit 模型估计企业是否开展创新活动的二值选择问题，第二步使用 MLE 决定创新产值数量。大样本条件下，泊松回归具有较好的稳健性，即使数据中存在过度分散的问题，"泊松回归+稳健标准误"依然提供对参数和标准误的一致估计（张明志等，2017）。表6-7 第（5）列汇报使用 ZIP 的回归结果，工资扭曲的估计系数已转化为边际效应，从基准回归结果的 -0.03 降至 -0.01，仍在 1% 统计水平上通过检验，表明创新产值零值样本的存在导致基准模型回归高估了工资扭曲的解释力，但也没有对结论产生重大干扰，考虑零值样本偏误问题后，工资扭曲仍然显著抑制企业创新产值的提高。

四　考察工资向上扭曲的情况

基于 C-D 生产函数和超越对数生产函数测算的工资扭曲程度与已有文献在扭曲方向上一致：中国劳动力市场普遍存在工资水平低于边际产出向下扭曲的事实（冼国明和徐清，2013；王宁和史晋川，2015）。直接采用企业劳动报酬计算的工资扭曲，工资向下扭曲的企业占比为 79.51%，按照投入产出表劳动收入占比将企业劳动报酬调高后，工资向下扭曲的企业占比仍达 73.06%，因此主要针对工资向下扭曲的企业样本进行实证分析，但小部分工资向上扭曲的企业中，工资水平高于边际产出给企业创新产值带来何种影响？本节单独区分工资向上扭曲的情况，表6-8 第（1）列和第（2）列显示，工资向下扭曲在 1% 统计水平上抑制企业创新产值，但工资向上扭曲对创新的影响在统计上并不显著。第（3）列和第（4）列结果表明，工资向下扭曲的情况下，劳动报酬提高有助于企业创新产值提升，而在工资高于边际产出的企业中，劳动报酬提高不再发挥促进创新的作用。姚先国和曾国华（2012）指出，工资具有双重属性，既是劳动收入，也是企业成本支出，合理区间的工资上涨才能对企业产生激励作用。

表6-8　　　　　　　　　工资向上扭曲的回归结果

变量名称	（1）工资向下扭曲	（2）工资向上扭曲	（3）工资向下扭曲	（4）工资向上扭曲
WDistortion	−0.0335***	−0.0316		
	（0.0066）	（0.0439）		
Reward			0.0335***	0.0222
			（0.0066）	（0.0158）
Controls	控制	控制	控制	控制
Constant	−3.8813***	−1.0686	−3.8813***	−1.0881
	（0.7982）	（2.8182）	（0.7982）	（2.8181）
F	601.0589	91.8383	601.0589	91.9296
R^2	0.0141	0.0078	0.0141	0.0078
N	1071608	386403	1071608	386403

注：①括号内为稳健标准误。②*、**、*** 分别表示10%、5%、1%的显著性水平。③控制变量 Controls 与表6-4 相同。

第四节　本章小结

本章以中国制造业微观企业为研究对象，利用中国工业企业数据实证检验企业层面劳动力工资扭曲与创新活动之间的关系，主要研究发现如下。

（1）制造业企业劳动力工资向下扭曲显著抑制企业创新活动，具体而言，工资低于劳动力边际产出的程度每扩大10%，企业创新产值降低约0.36%。这一结论在考虑遗漏变量、反向因果等内生性问题，以及进行一系列稳健性检验后仍然成立。

（2）其他情况不变时，企业规模、出口占比、劳动生产率、政府补贴等企业特征，以及高人力资本占比、最低工资标准等地区特征，与企业创新活动具有正向关系。加快地区人力资本积累、改善劳动保护环境、适当改变企业特征表现有助于企业创新产值的提升。

（3）合理区间的劳动报酬上涨是激励企业创新的有效手段。针对工资向下扭曲的企业，劳动报酬提高有助于创新产值提升，但工资水平超过边际产出后，劳动报酬提高不再具有促进创新的作用，需从劳动报酬与劳动力边际产出的平衡角度理解劳动报酬的合理区间。

第七章 劳动力工资扭曲对企业创新
作用机制的实证分析

本章旨在实证检验劳动力工资扭曲影响企业创新的理论机制。首先，构建中介效应逐步回归模型，在计量方法上确定逐步因果检验和系数乘积检验两种方法验证中介效应的显著性；其次，针对扭曲收益、人力资本、消费需求三条作用机制，合理选取中介变量的指标，对实证结果进行分析和解释，并通过不同视角的考察、更换中介变量等方法为作用机制提供更稳健的经验证据；最后，采用总体中介效应分析，考察三条传导机制的共同作用，深入分析和比较不同传导机制的相对贡献度与重要性，甄别何种因素主导劳动力工资扭曲对企业创新的影响作用。

第一节 计量模型设定

一 中介效应逐步回归模型

第 6 章细致考察了劳动力工资扭曲对企业创新的影响，发现工资扭曲显著抑制企业创新产值的提升。那么，工资扭曲究竟如何抑制企业创新呢？根据第 3 章理论分析，工资扭曲程度可能通过扭曲收益机制、人力资本机制和消费需求机制三种渠道影响企业创新，本章借助中介效应逐步回归模型对这三条作用途径进行经验识别，模型设定如下（Baron、Kenny，1987；王智波、李长洪，2016）。

$$Innovation_{it} = \alpha_0 + \alpha_1 WDistortion_{it} + \alpha_2 X_{it} + \alpha_3 Z_{it} + \lambda_i + \delta_t + \varepsilon_{it} \qquad (7-1)$$

$$M_{it}=\beta_0+\beta_1 WDistortion_{it}+\beta_2 X_{it}+\beta_3 Z_{it}+\lambda_i+\delta_t+\varepsilon_{it} \tag{7-2}$$

$$Innovation_{it}=\gamma_0+\gamma_1 WDistortion_{it}+\gamma_2 M_{it}+\gamma_3 X_{it}+\gamma_4 Z_{it}+\lambda_i+\delta_t+\varepsilon_{it}$$

$$\tag{7-3}$$

其中，下标 i 和 t 分别表示企业和年份，$Innovation_{it}$ 代表企业新产品产值对数，$WDistortion_{it}$ 衡量企业劳动力工资扭曲程度，M_{it} 为中介变量，反映扭曲收益、人力资本、消费需求三条作用机制的代理变量。X_{it} 和 Z_{it} 分别表示企业特征、区域和行业特征的控制变量集，具体控制变量与基准模型保持一致，λ_i 和 δ_t 对应企业和时间固定效应，ε_{it} 为随机扰动项。

一般来说，当同时满足以下四个条件时，可以认为存在中介效应：①$WDistortion_{it}$ 在不包含 M_{it} 的方程（7-1）中显著影响 $Innovation_{it}$，也就是基准模型所检验的工资扭曲对企业创新的影响；②核心解释变量 $WDistortion_{it}$ 对中介变量 M_{it} 存在显著影响；③中介变量 M_{it} 显著影响被解释变量 $Innovation_{it}$；④相比于方程（7-1），$WDistortion_{it}$ 的系数在加入中介变量 M_{it} 后的方程（7-3）中变小或影响不再显著。上述条件是判断中介效应存在与否的基础，如果 α_1、β_1、γ_1 和 γ_2 均通过显著性检验，γ_1 显著且小于 α_1，或者 α_1、β_1 和 γ_2 通过显著性检验而 γ_1 不再通过显著性检验，则意味着 $WDistortion_{it}$ 对 $Innovation_{it}$ 的影响部分或者全部通过中介变量实现。中介效应逐步回归模型示意如图7-1所示。

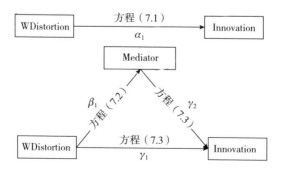

图7-1　中介效应逐步回归模型示意

但是 Iacobucci（2012）指出，完全中介的情况非常少见，在总效应值较小时，间接效应达到总效应的 70%可能就会导致方程（7-3）中的直接效应 γ_1 不再显著（温忠麟和叶宝娟，2014），因此这里也不区分部分中介和完全中介，重点关注中介效应是否存在以及效应量比重。

二　中介效应系数乘积检验方法

根据上述中介效应模型，如果 $\beta_1 \neq 0$ 和 $\gamma_2 \neq 0$ 均显著成立，在代数上可以推导出 $\beta_1 \times \gamma_2 \neq 0$，但温忠麟和叶宝娟（2014）认为这种通过逐步检验法预测系数乘积不为零的显著性的方法，容易犯以下这类错误：当系数乘积在实际上具有显著性时，逐步检验方法容易得出系数乘积不显著的结论。Sobel（1987）提出的系数乘积 Sobel 检验法在逐步回归的基础上控制了第一类错误（弃真错误），相比逐步回归方法准确性得以增加。

Sobel 检验的原假设是中介效应模型路径上的系数乘积为 0，即 H_0：$\beta_1 \times \gamma_2 = 0$。Sobel 检验的 Z 统计量计算方法为：

$$Z = \frac{\beta_1 \times \gamma_2}{\sqrt{\beta_1^2 \times S_{\gamma_2}^2 + \gamma_2^2 \times S_{\beta_1}^2}} \tag{7-4}$$

$S_{\beta_1}^2$ 和 $S_{\gamma_2}^2$ 分别表示估计系数 β_1 和 γ_2 的标准误的平方。若 Z 统计量拒绝原假设，则表明中介效应显著存在。

系数差异检验法的原假设为 H_0：$\alpha_1 - \gamma_1 = 0$，其准确性程度与系数乘积 Sobel 检验法基本相同，但这两种检验方法的局限性在于要求系数乘积或系数差值服从正态分布，这是非常严格的假设条件。Bootstrap 法通过模拟抽样分布过程，自造一个抽样分布，重复取样得到系数乘积的置信区间，置信区间不包含零则表示系数乘积具有显著性，Bootstrap 法无须正态分布假设，以抽取的样本能够代表总体为前提。方杰和张敏强（2012）、Hayes 和 Scharkow（2013）、温忠麟和叶宝娟（2014）等文献指出，偏差校正的非参数百分位 Bootstrap 法、马尔科夫链蒙特卡罗法（Markov Chain Monte Carlo，MCMC）能够提供比系数乘积 Sobel 检验法更准确的置信区间，但要求更多的统计知识和非常复杂的算法程序。

与系数乘积检验法、Bootstrap 法、MCMC 等方法相比，Baron 和 Kenny（1987）提出的逐步回归模型存在的检验力度问题在于，比较不易得到中介效应显著的结论，即逐步法犯第一类错误（弃真错误）的可能性较高，但如果在这种情况下依然得到中介效应显著的结论，那么逐步法对作用机制的检验更加可靠。此外，权衡 Bootstrap 法、MCMC 方法带来的精确度增量和其数据运行难度，本书同时采用中介效应逐步回归模型以及系数乘积 Sobel 检验法查验中介效应的显著性。

第二节　劳动力工资扭曲对企业创新影响的扭曲收益机制检验

一　中介变量指标选取

中国劳动力市场上的工资向下扭曲可能使得企业通过相对节约劳工成本获得工资扭曲带来的"扭曲租"。但准确的扭曲收益数据难以获得，戴魁早（2019）采用企业利润率作为"扭曲租"的代理变量。从要素收益视角来看，劳动收入占比下降是工资向下扭曲的直接后果，其他条件不变时，劳动收入占比下降将带来资本收益率的提高。在收入法国民经济核算体系中，国民收入包括劳动报酬、营业盈余、固定资产折旧和生产税净额，舒元等（2010）将资本收益率 RC_{it} 定义为权益回报、社会回报之和与资本投入的比值，也就是将生产税净额纳入资本回报中，数学表达式为：

$$RC_{it} = \frac{(Y_{it} - \omega_{it} L_{it})}{K_{it}} = \frac{\left(Y_{it} - \dfrac{\beta Y_{it}}{WDistortion_{it}}\right)}{K_{it}} = Y_{it} \frac{\left(1 - \dfrac{\beta}{WDistortion_{it}}\right)}{K_{it}}$$

$$(7-5)$$

因此选取资本收益率衡量企业因工资扭曲获得的扭曲收益。按照罗知和赵奇伟（2013）核算资本收益率的方法，使用企业工业增加值与劳动报酬的差值占企业资本存量的比重表示。

二 回归结果与分析

表 7-1 汇报了对扭曲收益机制的检验结果。第（1）列为基准模型回归结果，第（2）列检验劳动力工资扭曲是否对中介变量资本收益率具有显著影响，估计系数在 1% 显著性水平上为 0.21，工资扭曲确实给企业带来显著为正的扭曲收益；第（3）列为采用工具变量的估计结果，支持工资扭曲对资本收益率的正向影响；第（4）列汇报了工资扭曲和资本收益率对企业创新产值的影响，资本收益率的估计系数在 1% 显著性水平上为负，表明企业工资扭曲带来的资本收益率提高阻碍创新产值的提升，加入资本收益率变量后，工资扭曲的系数相较基准回归出现明显下降。Sobel 检验的 Z 统计量显著拒绝不存在中介效应的原假设，验证了扭曲收益机制是工资扭曲抑制企业创新的传导渠道之一。劳动力工资扭曲传递的要素禀赋信息失真，扰乱市场价格机制对劳动力资源的配置功能，企业通过被低估的劳动力价格获得额外的扭曲收益时，也更加缺乏从事创新活动的压力和动力，工资扭曲影响企业创新的扭曲收益机制成立。

表 7-1　　　　　　　　　扭曲收益机制的回归结果

变量名称	（1）新产品产值 FE	（2）资本收益率 FE	（3）资本收益率 IV	（4）新产品产值 FE
WDistortion	−0.0335 ***	0.2097 ***	0.1849 ***	−0.0173 **
	（0.0066）	（0.0013）	（0.0024）	（0.0067）
RC				−0.0776 ***
				（0.0062）
Scale	0.2700 ***	0.2613 ***	0.2628 ***	0.2902 ***
	（0.0063）	（0.0012）	（0.0012）	（0.0065）
Age	0.0002	−0.0008 ***	−0.0009 ***	0.0001
	（0.0006）	（0.0001）	（0.0001）	（0.0006）
Export	0.5786 ***	−0.0265 ***	−0.0272 ***	0.5766 ***
	（0.0155）	（0.0030）	（0.0030）	（0.0155）

续表

变量名称	（1） 新产品产值 FE	（2） 资本收益率 FE	（3） 资本收益率 IV	（4） 新产品产值 FE
$Profit$	-0.4460^{***}	-0.2767^{***}	-0.2857^{***}	-0.4675^{***}
	(0.0483)	(0.0095)	(0.0095)	(0.0483)
$Leverage$	-0.0553^{***}	0.4705^{***}	0.4698^{***}	-0.0188
	(0.0164)	(0.0032)	(0.0032)	(0.0166)
$Liquidity$	-0.0846^{***}	0.5353^{***}	0.5350^{***}	-0.0431^{***}
	(0.0137)	(0.0027)	(0.0027)	(0.0141)
$Subsidy$	0.1106^{***}	-0.0200^{***}	-0.0203^{***}	0.1090^{***}
	(0.0047)	(0.0009)	(0.0009)	(0.0047)
$Productivity$	0.1207^{***}	0.3986^{***}	0.4178^{***}	0.1516^{***}
	(0.0069)	(0.0013)	(0.0020)	(0.0073)
$Innovation_{ind}$	-0.0096^{***}	-0.0056^{***}	-0.0056^{***}	-0.0100^{***}
	(0.0006)	(0.0001)	(0.0001)	(0.0006)
$AverageW$	0.0249^{***}	-0.0054^{***}	-0.0053^{***}	0.0245^{***}
	(0.0055)	(0.0011)	(0.0011)	(0.0055)
$PerGDP$	-0.4950^{***}	-0.2954^{***}	-0.3080^{***}	-0.5179^{***}
	(0.0314)	(0.0062)	(0.0062)	(0.0315)
$Edustruc$	0.0550^{***}	-0.0037^{***}	-0.0037^{***}	0.0547^{***}
	(0.0019)	(0.0004)	(0.0004)	(0.0019)
$MinimumW$	0.9227^{***}	-0.0101	-0.0114	0.9220^{***}
	(0.0374)	(0.0073)	(0.0073)	(0.0374)
$Provcd$	控制	控制	控制	控制
Ind	控制	控制	控制	控制
$Constant$	-3.8813^{***}	1.3999^{***}	1.4856^{***}	-3.7730^{***}
	(0.7982)	(0.1563)	(0.1565)	(0.7982)
Year	1999-2007	1999-2007	1999-2007	1999-2007
Sobel-Z				-12.4786^{***}
F	601.0589	28896.7428		575.0127
R^2	0.0141	0.4068		0.0143
N	1071608	1073308	1073308	1071608

注：①括号内为稳健标准误。②*、**、*** 分别表示10%、5%、1%的显著性水平。

三 稳健性检验

进一步，采用企业研究开发费衡量研发投入，检验工资扭曲节约的劳工成本和增加的利润空间，对企业研发投入产生何种影响，是否通过缓解创新活动的融资约束而促进研发投入。表7-2第（1）列以企业研发投入为被解释变量，同时纳入工资扭曲和资本收益率变量，结果显示，二者均在1%显著性水平上降低企业研发投入，表明工资扭曲并未通过成本节约方式产生对创新活动的积极影响，再次印证扭曲收益效应对创新的抑制作用。

邵挺和李井奎（2010）采用企业净利润除以企业总资产的方法从资本的利润获取能力视角测算资本收益率，借鉴这种思路构建资本收益率的一个替代指标，以此进行稳健性检验。表7-2第（2）列采用资本收益率的替换指标，回归结果支持工资扭曲和资本收益率均显著降低企业研发投入的结论。

表7-2第（3）列以"是否有新产品"为被解释变量，工资扭曲的估计系数为-0.25，在1%统计水平上通过显著性检验。第（4）列和第（5）列分别加入要素收益视角和利润获取能力视角的资本收益率指标后，工资扭曲估计系数出现不同程度的下降，并且资本收益率的估计系数均在1%显著性水平上为负，企业资本收益率提高，显著降低企业生产新产品的概率。上述研究结果为工资扭曲通过扭曲收益抑制企业创新的作用机制提供了更为稳健的证据。

表7-2　　　　　　　　　扭曲收益机制的稳健性检验

变量名称	（1） 研发投入 FE	（2） 研发投入 FE	（3） 是否有新产品 Xtprobit	（4） 是否有新产品 Xtprobit	（5） 是否有新产品 Xtprobit
$WDistortion$	-0.1021^{***} （0.0071）	-0.1122^{***} （0.0070）	-0.2461^{***} （0.0093）	-0.2008^{***} （0.0095）	-0.2365^{***} （0.0093）
RC	-0.0539^{***} （0.0071）			-0.1627^{***} （0.0072）	
$RC_{netprofit}$		-0.2054^{***} （0.0369）			-0.8949^{***} （0.0507）

续表

变量名称	（1） 研发投入 FE	（2） 研发投入 FE	（3） 是否有新产品 Xtprobit	（4） 是否有新产品 Xtprobit	（5） 是否有新产品 Xtprobit
Controls	控制	控制	控制	控制	控制
Constant	-3.2265***	-3.4539***	-3.6562***	-3.7692***	-3.8254***
	(0.9612)	(0.9615)	(0.1245)	(0.1248)	(0.1251)
Year	2005-2007	2005-2007	1999-2007	1999-2007	1999-2007
F	171.9376	170.3456			
R^2	0.0104	0.0103			
N	559993	559993	1073308	1073308	1073308

注：①括号内为稳健标准误。②＊、＊＊、＊＊＊分别表示10%、5%、1%的显著性水平。③采用研究开发费衡量企业研发投入，中国工业企业数据库提供了2005—2007年的研究开发费数据。④控制变量*Controls*与表7-1相同。

第三节　劳动力工资扭曲对企业创新影响的人力资本机制检验

一　中介变量指标选取

对企业人力资本投资的负向激励是工资扭曲影响创新的可能传导渠道，持续的工资扭曲使企业难以留住高人力资本劳动力，减弱企业对人力资本的培训和投资激励。中国工业企业数据库报告了2004—2007年企业对职工的教育培训经费支出，基于数据可获得性，这里主要使用2004—2007年职工教育培训经费衡量企业对人力资本的投资和重视程度。姚先国和翁杰（2005）研究发现企业的培训投资非常不平衡，高技能员工可以获得大量的培训投资，但对一般员工培训较少，在一定程度上，培训经费还可以反映企业的人力资本存量状况。

二　回归结果与分析

考虑到目前只能获得2004—2007年之间的企业职工培训经费数

据，表7-3第（1）列选取2004—2007年企业样本，重新进行基准模型回归，在该区间样本中，工资扭曲的估计系数约为-0.08，在1%统计水平上异于零；第（2）列考察企业工资扭曲程度对职工培训经费的影响，工资水平低于边际产出的程度扩大10%，将引起企业职工培训经费降低约2.39%，工资扭曲程度越严重的企业，职工教育培训投资显著越少；第（3）列工具变量估计支持工资扭曲与人力资本投资之间的负向关系；第（4）列在第（1）列基础上加入职工培训经费变量，职工培训经费显著促进企业新产品产值的提升，工资扭曲估计系数相较第（1）列出现下降。Sobel检验的Z统计量为-8.79，在1%显著性水平上支持工资扭曲通过降低企业人力资本投资抑制企业创新的传导渠道，为人力资本机制提供了证据。

表7-3 人力资本机制的检验结果

变量名称	（1） 新产品产值 FE	（2） 职工培训经费 FE	（3） 职工培训经费 IV	（4） 新产品产值 FE
$WDistortion$	-0.0783^{***} （0.0081）	-0.2385^{***} （0.0058）	-0.2077^{***} （0.0106）	-0.0735^{***} （0.0081）
$Trainingexpense$				0.0198^{***} （0.0022）
$Scale$	0.1717^{***} （0.0089）	0.3429^{***} （0.0063）	0.3412^{***} （0.0063）	0.1650^{***} （0.0089）
Age	0.0017 （0.0013）	0.0028^{***} （0.0009）	0.0028^{***} （0.0009）	0.0016 （0.0013）
$Export$	0.8529^{***} （0.0233）	0.0567^{***} （0.0166）	0.0574^{***} （0.0166）	0.8518^{***} （0.0233）
$Profit$	-0.6828^{***} （0.0601）	0.1863^{***} （0.0429）	0.1963^{***} （0.0430）	-0.6865^{***} （0.0601）
$Leverage$	0.0600^{***} （0.0200）	0.0173 （0.0142）	0.0178 （0.0142）	0.0597^{***} （0.0200）
$Liquidity$	-0.0158 （0.0164）	-0.0061 （0.0117）	-0.0061 （0.0117）	-0.0157 （0.0164）

续表

变量名称	(1) 新产品产值 FE	(2) 职工培训经费 FE	(3) 职工培训经费 IV	(4) 新产品产值 FE
$Subsidy$	0.0702*** (0.0057)	0.0861*** (0.0041)	0.0866*** (0.0041)	0.0685*** (0.0057)
$Productivity$	0.1139*** (0.0088)	0.2820*** (0.0063)	0.2573*** (0.0096)	0.1083*** (0.0088)
$Innovation_{ind}$	0.0063*** (0.0010)	−0.0021*** (0.0007)	−0.0023*** (0.0007)	0.0063*** (0.0010)
$AverageW$	0.0069 (0.0129)	−0.0056 (0.0092)	−0.0052 (0.0092)	0.0070 (0.0129)
$PerGDP$	−2.0297*** (0.0465)	−0.0299 (0.0332)	−0.0119 (0.0336)	−2.0291*** (0.0465)
$Edustruc$	0.1226*** (0.0026)	−0.0023 (0.0018)	−0.0021 (0.0018)	0.1227*** (0.0026)
$MinimumW$	1.7329*** (0.0533)	0.0654* (0.0380)	0.0748** (0.0381)	1.7316*** (0.0533)
$Provcd$	控制	控制	控制	控制
Ind	控制	控制	控制	控制
$Constant$	5.0626*** (1.2492)	−0.6905 (0.8908)	−0.8808 (0.8926)	5.0763*** (1.2490)
Year	2004−2007	2004−2007	2004−2007	2004−2007
Sobel−Z				−8.7919***
F	342.9564	402.8454		327.6895
R^2	0.0131	0.0153		0.0133
N	714519	716219	716219	714519

注：①括号内为稳健标准误。②*、**、*** 分别表示 10%、5%、1%的显著性水平。③中国工业企业数据库提供了 2004—2007 年职工教育培训经费数据。

三　稳健性检验

为增强结论的可靠性，进一步采用高人力资本比重作为识别人力资本效应的候选中介变量。中国工业企业数据提供了 2004 年详细的职工受教育程度数据，本节采用企业大专及以上劳动者比重的截面数据为人力资本效应渠道提供稳健性检验。

考虑到职工受教育年限也可能对其工资扭曲程度产生反向影响，表7-4第（1）列考察2003年工资扭曲和控制变量数据对2004年企业大专及以上劳动者比重的影响，结果显示，工资扭曲确实显著降低企业大专及以上劳动者的比重，工资扭曲每增大10%，高人力资本比重降低0.46%。表7-4第（2）列和第（3）列显示，在2004年截面数据中，未加入高人力资本比重变量之前，工资扭曲对企业创新产值的估计系数为-0.24，加入高人力资本比重后，该系数降至-0.11，同时高人力资本比重与企业创新产值具有显著的正向关系。工资扭曲造成的高人力资本流失是其抑制企业创新的部分原因，为上述人力资本效应传导渠道提供了稳健性证据。

表7-4　　　　　　　　　　人力资本机制的稳健性检验

变量名称	（1） 大专及以上比重 OLS	（2） 新产品产值 OLS	（3） 新产品产值 OLS
WDistortion	-0.0455^{***} （0.0013）	-0.2398^{***} （0.0180）	-0.1148^{***} （0.0179）
Ratioofhigh			1.7264^{***} （0.0567）
Controls	控制	控制	控制
Constant	1.3021^{***} （0.0291）	1.8340^{***} （0.3255）	-0.9375^{***} （0.3191）
Year	2003	2004	2004
F	649.2472	432.5394	439.3035
R^2	0.1579	0.0687	0.0767
N	80865	154695	154659

注：①括号内为稳健标准误。②＊、＊＊、＊＊＊分别表示10%、5%、1%的显著性水平。③中国工业企业数据库提供了2004年的职工受教育程度数据。④控制变量 Controls 与表7-3相同。

第四节　劳动力工资扭曲对企业创新
影响的消费需求机制检验

一　中介变量指标选取

现有文献中用于衡量国内市场消费需求的指标主要有两种：一是国内市场销售额，采用企业销售产值扣除出口交货值的差额表示（陈丰龙、徐康宁，2012）；二是居民人均消费支出（储德银等，2013；高帆、汪亚楠，2016）。这里采用第二种方式，在城镇人均消费支出的基础上构建企业市场消费需求指标，理由如下：一方面，企业销售产值和出口交货值本身即会影响企业创新活动，以二者差额作为消费需求效应的中介变量指标，可能无法干净地剔除市场消费需求之外的其他干扰因素；另一方面，消费需求效应发挥作用的逻辑在于，劳动力工资扭曲相对压低居民可支配收入，挤压消费支出，进而抑制企业创新，与国内市场销售额相比，人均消费支出受劳动力工资扭曲的影响更为直接，经济含义也更明确。进一步，考虑到微观企业之间的强异质性，劳动力工资扭曲通过消费需求机制对创新的影响效应可能因企业市场份额不同而在企业之间存在差异，因此，采用企业销售额占各地区制造业四分位细分行业总销售额的比重计算企业市场份额，以此对地区城镇人均消费支出进行加权，构建检验消费需求效应的中介变量——企业市场消费需求指标。分地区城镇人均消费支出数据来自《中国统计年鉴》，企业市场份额根据工业企业数据库计算得到。

二　回归结果与分析

表7-5第（1）列汇报了作为对照的基准模型回归结果，第（2）列考察劳动力工资扭曲对企业市场消费需求的影响，结果显示，工资扭曲每扩大10%，企业市场消费需求降低0.82%，估计系数在1%统计水平上异于零，第（3）列工具变量估计也支持工资扭曲对市场消费需求的挤压作用。第（4）列在企业创新产值回归模

型中加入消费需求变量后，工资扭曲的解释力出现下降，由基准回归模型的-0.03降至-0.02。Sobel检验在1%显著性水平上拒绝不存在中介效应的原假设，证实工资扭曲对企业创新的影响效应有一部分是通过消费需求挤压路径实现的。至此，消费需求机制得到验证。

表7-5　　　　　　　　消费需求机制的检验结果

变量名称	（1） 新产品产值 FE	（2） 消费需求 FE	（3） 消费需求 IV	（4） 新产品产值 FE
WDistortion	-0.0335***	-0.0815***	-0.0160***	-0.0244***
	（0.0066）	（0.0013）	（0.0024）	（0.0066）
Demand				0.1182***
				（0.0062）
Scale	0.2700***	0.5718***	0.5680***	0.1999***
	（0.0063）	（0.0012）	（0.0013）	（0.0072）
Age	0.0002	-0.0002	-0.0001	0.0002
	（0.0006）	（0.0001）	（0.0001）	（0.0006）
Export	0.5786***	0.0534***	0.0554***	0.5728***
	（0.0155）	（0.0031）	（0.0031）	（0.0155）
Profit	-0.4460***	0.0199**	0.0436***	-0.4441***
	（0.0483）	（0.0095）	（0.0096）	（0.0483）
Leverage	-0.0553***	0.0373***	0.0391***	-0.0571***
	（0.0164）	（0.0032）	（0.0032）	（0.0164）
Liquidity	-0.0846***	0.0370***	0.0379***	-0.0871***
	（0.0137）	（0.0027）	（0.0027）	（0.0137）
Subsidy	0.1106***	0.0161***	0.0169***	0.1084***
	（0.0047）	（0.0009）	（0.0009）	（0.0047）
Productivity	0.1207***	0.5095***	0.4588***	0.0579***
	（0.0069）	（0.0014）	（0.0021）	（0.0076）
$Innovation_{ind}$	-0.0096***	-0.0022***	-0.0021***	-0.0093***
	（0.0006）	（0.0001）	（0.0001）	（0.0006）

续表

变量名称	（1）新产品产值 FE	（2）消费需求 FE	（3）消费需求 IV	（4）新产品产值 FE
AverageW	0.0249***	−0.0075***	−0.0079***	0.0264***
	（0.0055）	（0.0011）	（0.0011）	（0.0055）
PerGDP	−0.4950***	0.8869***	0.9201***	−0.5917***
	（0.0314）	（0.0062）	（0.0063）	（0.0319）
Edustruc	0.0550***	−0.0078***	−0.0078***	0.0564***
	（0.0019）	（0.0004）	（0.0004）	（0.0019）
MinimumW	0.9227***	−0.3394***	−0.3358***	0.9412***
	（0.0374）	（0.0074）	（0.0074）	（0.0374）
Provcd	控制	控制	控制	控制
Ind	控制	控制	控制	控制
Constant	−3.8813***	−9.4479***	−9.6743***	−2.8002***
	（0.7982）	（0.1577）	（0.1581）	（0.8012）
Year	1999−2007	1999−2007	1999−2007	1999−2007
Sobel−Z				−18.2398***
F	601.0589	43046.3348		578.4537
R^2	0.0141	0.5060		0.0144
N	1071608	1071153	1071153	1069453

注：①括号内为稳健标准误。②＊、＊＊、＊＊＊分别表示10%、5%、1%的显著性水平。

三　稳健性检验

技术市场作为重要的生产要素市场，发挥配置创新资源的决定性作用，技术市场需求相比居民人均消费需求，与企业创新活动具有更为紧密的联系。那么，企业劳动力工资扭曲是否通过挤压技术市场需求抑制企业创新产值提升？本节采用企业市场份额对各地区专业技术人员人均技术市场成交额进行加权，构建技术市场交易$Demand_{technology}$变量，进一步从技术市场视角检验工资扭曲对企业创新的作用机制。表7-6第（1）列为基准模型回归结果，第（2）列和第（3）列分别采用面板固定效应和工具变量法检验劳动力工资扭曲对技术市场交易的影响，结果表明工资扭曲确实阻碍技术市场交易，但影响程度较小。第（4）列包括技术市场交易变量的回归结果显示，技术市场交易增长对企业创新产值具有显著的提升效应。由此可见，劳动力工资扭曲不仅挤压企业消费需求，而且降低技术市场需求，二者对于企业创新活动均产生负向影响，但主要以消费需求挤压渠道为主。

表 7-6　　　　　　　　消费需求机制的稳健性检验

变量名称	（1） 新产品产值 FE	（2） 技术市场交易 FE	（3） 技术市场交易 IV	（4） 新产品产值 FE
$WDistortion$	-0.0335^{***}	-0.0013^{***}	-0.0008^{***}	-0.0328^{***}
	（0.0066）	（0.0001）	（0.0001）	（0.0066）
$Demand_{technology}$				0.5545^{***}
				（0.1158）
$Controls$	控制	控制	控制	控制
$Constant$	-3.8813^{***}	-0.0428^{***}	-0.0446^{***}	-3.8492^{***}
	（0.7982）	（0.0084）	（0.0084）	（0.7982）
Year	1999-2007	1999-2007	1999-2007	1999-2007
F	601.0589	1010.0503		567.0699
R^2	0.0141	0.0234		0.0141
N	1071608	1073308	1073308	1071608

注：①括号内为稳健标准误。②＊、＊＊、＊＊＊分别表示 10%、5%、1%的显著性水平。③控制变量 Controls 与表 7-5 相同。

第五节　劳动力工资扭曲对企业创新作用机制的贡献分解

一　总体中介效应分析

上述回归结果依次检验了劳动力工资扭曲影响企业创新的三条

作用路径：扭曲收益机制、人力资本机制、消费需求机制，可进一步将三个中介变量共同纳入企业创新产值模型，分析三条传导机制的共同作用（柳士顺、凌文辁，2009）。表7-7汇报了总体中介效应回归结果，劳动力工资扭曲每增大10%，分别引起资本收益率提高2.10%、职工培训经费降低3.34%、企业市场消费需求下降0.82%，三个中介变量对企业创新产值的估计系数分别为-0.07、0.02和0.12，均在1%显著性水平上异于零（见表7-7第（5）列），与表7-1、表7-3、表7-5逐步检验的中介变量估计系数较为接近，表明劳动力工资扭曲显著且稳健地通过扭曲收益机制、人力资本机制和消费需求机制三条路径作用于企业创新，工具变量估计支持上述结论（见表7-7第（6）列）。

表 7-7　　　　　　　　　　　　　　　　总体中介效应回归结果[①]

变量名称	（1）新产品产值 FE	（2）资本收益率 FE	（3）职工培训费 FE	（4）消费需求 FE	（5）新产品产值 FE	（6）新产品产值 IV
WDistortion	-0.0335*** (0.0066)	0.2097*** (0.0013)	-0.3338*** (0.0038)	-0.0815*** (0.0013)	0.0012 (0.0072)	-0.0140 (0.0133)
RC					-0.0738*** (0.0066)	-0.0712*** (0.0069)
Trainingexpense					0.0196*** (0.0023)	0.0191*** (0.0024)
Demand					0.1162*** (0.0067)	0.1153*** (0.0067)

① 为深入探究劳动力工资扭曲影响企业创新的扭曲收益机制、人力资本机制和消费需求机制三条传导机制的相对贡献度，本书在1999—2007年统一样本下进行总体中介效应分析。使用2004—2007年职工培训经费与企业劳动报酬总额的比重均值，与1999—2003年企业各年劳动报酬总额相乘，补齐1999—2003年缺失的职工培训经费。中国工业企业数据库提供的2004—2007年职工培训经费和补齐数据后的1999—2007年职工培训经费对企业创新的估计系数分别为0.0198（见表7-3第（4）列））和0.0196（见表7-7第（5）列），均在1%统计水平上异于零，系数大小较为接近，佐证了总体中介效应回归结果的可靠性和稳健性。

续表

变量名称	（1） 新产品 产值 FE	（2） 资本 收益率 FE	（3） 职工 培训费 FE	（4） 消费 需求 FE	（5） 新产品 产值 FE	（6） 新产品 产值 IV
Controls	控 制	控 制	控 制	控 制	控 制	控 制
Constant	−3.8813 *** （0.7982）	1.3999 *** （0.1563）	3.3533 *** （0.4424）	−9.4479 *** （0.1577）	−2.7416 *** （0.8191）	−2.7017 *** （0.8196）
Year	1999−2007	1999−2007	1999−2007	1999−2007	1999−2007	1999−2007
F	601.06	28896.74	1296.16	43046.33	526.08	
R^2	0.0141	0.4068	0.0323	0.5060	0.0159	
N	1071608	1073308	932747	1071153	929655	929655

注：①括号内为稳健标准误。②＊、＊＊、＊＊＊分别表示10%、5%、1%的显著性水平。③控制变量 Controls 与表 7−1 至表 7−6 相同。

二　作用机制的贡献分解

温忠麟和叶宝娟（2014）指出，报告中介效应量 $\beta_1 \times \gamma_2$、中介效应占总效应比例 $(\beta_1 \times \gamma_2)/\alpha_1$ 是中介效应检验过程中必不可少的流程。当对多条作用机制并行检验时，中介效应占总效应的比例可用于反映每条机制的相对贡献度。

表 7−8 显示，计算得到劳动力工资扭曲经由扭曲收益机制、人力资本机制和消费需求机制影响企业创新的中介效应量分别为 −0.0155、−0.0065、−0.0095，三条传导机制的中介效应占总效应的比例分别为 46.27%、19.40% 和 28.36%[①]，共同解释了劳动力工资扭曲对企业创新影响的 94.03%。具体而言，在工资扭曲对企业创新的总效应中，有 46.27% 是通过扭曲收益机制间接影响创新产值的，人力资本机制的相对贡献份额为 19.40%，消费需求机制解释了工资扭曲与企业创新因果链条中的 28.36%。再次印证了扭曲收益机制、人力资本机制和消费需求机制是劳动力工资扭曲影响企业

---

① −0.0155 = 0.2097 × （−0.0738）；−0.0065 = （−0.3338）×0.0196；−0.0095 = （−0.0815）×0.1162；0.4627 = 0.0155/0.0335；0.1940 = 0.0065/0.0335；0.2836 = 0.0095/0.0335。

创新的重要渠道，也说明扭曲收益机制是工资扭曲对企业创新抑制效应中起主导作用的中介因素。

表 7-8 作用机制的贡献分解

中介效应	工资扭曲→中介变量	中介变量→创新产值	效应量	占总效应的比重
扭曲收益机制	0.2097***	-0.0738***	-0.0155	0.4627
人力资本机制	-0.3338***	0.0196***	-0.0065	0.1940
消费需求机制	-0.0815***	0.1162***	-0.0095	0.2836

注：①＊、＊＊、＊＊＊分别表示10%、5%、1%的显著性水平。

第六节　本章小结

本章采用中国工业企业数据库，借助中介效应分析方法，实证探讨劳动力工资扭曲影响企业创新的作用机制。

第一，劳动力工资扭曲显著促进企业资本收益率提高，企业资本收益率增长对创新活动具有负向影响，工资扭曲通过扭曲收益影响企业创新的作用机制具有显著性。其他条件不变的情况下，工资扭曲通过减少等量同质劳动力的劳工成本，给企业带来"扭曲租金"，但"扭曲租金"并未以增加创新投资的方式对企业创新活动产生正向影响，或者对创新投资的正向作用小于工资扭曲扰乱要素市场价格体系配置功能带来的负向影响。

第二，劳动力工资扭曲显著降低企业的职工培训经费和大专及以上劳动者比重，企业人力资本结构和职工教育培训投资均在1%显著性水平上促进创新产值提升，工资扭曲影响企业创新的人力资本机制具有显著性。

第三，劳动力工资扭曲显著挤压企业消费需求，消费需求对企业创新具有正向作用，逐步检验法和系数乘积 Sobel 检验法均支持工资扭曲影响企业创新的消费需求机制。稳健性检验显示，劳动力工资扭曲对技术市场交易也具有阻碍作用，但影响程度较小。

第四，劳动力工资扭曲对企业创新作用机制的贡献分解显示，按照作用机制的相对贡献度从高到低分别为扭曲收益机制（46.27%）、消费需求机制（28.36%）和人力资本机制（19.40%），扭曲收益机制在工资扭曲对企业创新的抑制效应中发挥主导作用。劳动力市场扭曲削弱价格信号对要素投入结构、创新资源配置的引导作用，引发过密使用价格被低估的劳动要素而挤出研发创新活动，如何阻断这一负向传导机制应成为重点关注的政策着力点。

第八章　劳动力工资扭曲对企业创新
异质影响的实证分析

本章从企业异质性特征角度，对劳动力工资扭曲对企业创新的影响进行再检验。主要包括两部分内容：第1节从所有制类型视角，采用工具变量估计方法考察劳动力工资扭曲对企业创新的影响在国有企业、民营企业、外资企业不同样本中的差异，并基于劳动力价格敏感性、工资扭曲影响企业创新的作用机制两个方面，识别造成上述差异性的主要原因；第2节从行业要素密集度视角，实证检验劳动密集型、资本密集型、技术密集型三类行业中劳动力工资扭曲与企业创新关系的异质性，通过分析不同类别行业特征深入探究表现出不同影响的原因。

第一节　劳动力工资扭曲对不同所有制
企业创新的影响

一　子样本回归结果

所有制层面的劳动力市场分割是中国经济转轨阶段的基本特征之一（陆正飞等，2012），第5章按照各类资本金在实收资本中所占份额将企业划分为国有企业、民营企业和外资企业（包括港澳台资本和外商资本），三类企业的劳动力工资扭曲均值分别为2.40、2.91、2.18。基于第6章的工具变量估计方法，本章采用劳动力工资扭曲的 Lewbel（1997）工具变量，实证检验不同所有制类型企业中劳动力工资扭曲对企业创新产值的影响。表8-1回归结果显示，劳动力工资扭曲对企业创新产值的影响在国有企业、外资企业子样本中，没有通过显著性检验；在民营企业样本中，工资扭曲的估计系数为-0.04，在1%显著性水平上异于零。在国有企业、民营企业、外资企业三类不同所有制类型的企业中，劳动力工资扭曲主要抑制民营企业的创新活动，对国有企业和外资企业创新没有显著影响。各省份最低工资标准也仅对民营企业创新产值表现出显著的正向作用。

表8-1　　　　　　　　　　不同所有制类型的回归结果

变量名称	（1）国有企业	（2）民营企业	（3）外资企业
$WDistortion$	0.0014	-0.0396***	-0.0133
	(0.0346)	(0.0150)	(0.0309)
$Scale$	0.2763***	0.2709***	0.1365***
	(0.0193)	(0.0079)	(0.0169)
Age	-0.0039***	0.0017**	0.0003
	(0.0012)	(0.0008)	(0.0040)
$Export$	0.5962***	0.7597***	0.2270***
	(0.0559)	(0.0215)	(0.0265)
$Profit$	0.2261*	-0.6993***	-0.2510**
	(0.1303)	(0.0648)	(0.1016)
$Leverage$	-0.1131**	-0.0159	-0.1372***
	(0.0471)	(0.0199)	(0.0492)
$Liquidity$	-0.0770*	-0.0634***	-0.1468***
	(0.0405)	(0.0165)	(0.0421)
$Subsidy$	0.0282**	0.1303***	0.0882***
	(0.0119)	(0.0059)	(0.0121)
$Productivity$	0.1423***	0.1172***	0.0436
	(0.0296)	(0.0130)	(0.0267)
$Innovation_{ind}$	-0.0041**	-0.0119***	-0.0021
	(0.0017)	(0.0008)	(0.0016)

续表

变量名称	（1） 国有企业	（2） 民营企业	（3） 外资企业
AverageW	0.0138	0.0380 ***	-0.0096
	（0.0130）	（0.0077）	（0.0121）
PerGDP	0.2177 ***	-1.0827 ***	0.4029 ***
	（0.0770）	（0.0414）	（0.0880）
Edustruc	0.0079	0.0868 ***	0.0104 **
	（0.0048）	（0.0024）	（0.0047）
MinimumW	-0.0412	1.6361 ***	0.0055
	（0.0849）	（0.0488）	（0.1068）
Provcd	控制	控制	控制
Ind	控制	控制	控制
Constant	1.8686	-3.3677 ***	25.6952 *
	（8.1362）	（0.9710）	（15.2891）
N	156324	769086	136626

注：①括号内为稳健标准误。②＊、＊＊、＊＊＊分别表示10%、5%、1%的显著性水平。

二　差异化影响的成因分析

劳动力工资扭曲对外资企业创新活动没有显著影响，这易于理解，中国制造业在国际分工格局中处于中低端位置，主要以丰富廉价的劳动力资源和优惠政策吸引外商投资，外资企业的创新活动更多受到母公司发展战略和规划的影响，倾向于将创新环节安排在高端创新资源相对丰富的地方。在本土企业中，工资扭曲为何主要抑制民营企业创新？本节从企业创新行为对劳动力价格的敏感性、工资扭曲影响企业创新的作用机制两个视角进行深入分析。

首先，根据委托代理理论和制度理论，不同所有制类型企业面临的外部社会环境和内部治理机构，决定了不同企业创新行为对劳动力价格的敏感性存在差异。国有企业在政治和经济方面与政府具有天然的紧密联系（江艇等，2018），在金融资源、产业支持、信息获取等领域享受倾向性政策带来的外部优势，降低了国有企业在很多方面的市场竞争，政策优势带来的垄断收益也大大削弱国有企业的创新动机。此外，国有企业面临固有的委托代理问题，缺乏对代理人的有效监督和激励机制，管理层可能追求个人利益最大化而非企业利润最大化。国有企业和政府的关联在带来政策性优势的同时，也可能干预和扭曲企业的经营目标，管理层的投资决策更可能受到非市场因素的影响，因而国有企业创新行为对劳动力要素价格变化的敏感性相对较低（黄鹏、张宇，2014）。相比于国有企业和外资企业，民营企业缺乏政府关联和外资优惠政策，通过技术创新获得竞争优势是民营企业争取生存和发展空间的重要途径。在激烈的市场竞争环境中，民营企业显然拥有更为强烈的创新动机，其投资决策、经营行为对生产要素的价格变化也更为敏感。这可能对于民营企业劳动力工资扭曲显著抑制企业创新行为而在国有企业中二者关系不显著的现象具有一定解释力。

其次，从传导机制的角度考察国有企业和民营企业中工资扭曲对企业创新行为差异性影响的原因。表8-2和表8-3分别汇报了国有企业和民营企业劳动力工资扭曲对企业创新作用机制的回归结果，依次判断哪条路径影响了上述差异性表现。对比表8-2和表8-3，不同之处主要在于，国有企业职工培训经费未能发挥促进企业创新的作用，而民营企业中工资扭曲降低职工培训经费进而抑制企业创新的渠道显著存在。具体而言，尽管工资扭曲减少国有企业的职工培训投资，但是国有企业职工培训对其创新产值的提升没有显著影响。姚先国和翁杰（2005）利用对企业培训实践的专项调查发现，国有企业人力资本投资高于民营企业，但国有企业员工参与再教育和高校培训的概率显著较高，参与企业内部培训的概率明显偏低，也就是说国有企业更倾向于投资员工的一般性人力资本，而不注重企业专用性人力资本培训，一般性人力资本培训对企业创新的促进作用有限。国有企业人力资本投资没有发挥对企业创新的正向作用，可能是阻断国有企业劳动力工资扭曲对创新产值影响的部分原因。

表 8-2   国有企业的作用机制回归结果

变量名称	（1） 资本 收益率	（2） 新产品 产值	（3） 职工 培训费	（4） 新产品 产值	（5） 消费需求	（6） 新产品 产值
WDistortion	0.2030 ***	0.0126	-0.3300 ***	-0.0188	-0.0355 ***	0.0050
	（0.0068）	（0.0359）	（0.0199）	（0.0419）	（0.0084）	（0.0347）
RC		-0.0550 ***				
		（0.0201）				
Trainingexpense				0.0004		
				（0.0089）		
Demand						0.1119 ***
						（0.0156）
Controls	控制	控制	控制	控制	控制	控制
Constant	-1.9621	1.7606	3.4001 ***	-2.8865 ***	-4.2888 **	2.4070
	（1.5851）	（8.1362）	（0.2270）	（0.4709）	（1.9613）	（8.1151）
N	156520	156324	104045	103849	156049	155853

注：①括号内为稳健标准误。②*、**、***分别表示10%、5%、1%的显著性水平。③控制变量与表8-1相同。

表 8-3   民营企业的作用机制回归结果

变量名称	（1） 资本 收益率	（2） 新产品 产值	（3） 职工 培训费	（4） 新产品 产值	（5） 消费需求	（6） 新产品 产值
WDistortion	0.1788 ***	-0.0261 *	-0.2839 ***	-0.0350 **	-0.0121 ***	-0.0389 ***
	（0.0029）	（0.0154）	（0.0087）	（0.0158）	（0.0026）	（0.0150）
RC		-0.0752 ***				
		（0.0078）				
Trainingexpense				0.0215 ***		
				（0.0027）		
Demand						0.1324 ***
						（0.0085）

续表

变量名称	（1） 资本 收益率	（2） 新产品 产值	（3） 职工 培训费	（4） 新产品 产值	（5） 消费需求	（6） 新产品 产值
Controls	控制	控制	控制	控制	控制	控制
Constant	2.2259***	−3.2003***	3.0984***	−3.3268***	−10.3083***	−2.0713**
	（0.1898）	（0.9708）	（0.5483）	（0.9837）	（0.1703）	（0.9768）
N	770328	769086	694701	693459	768739	767497

注：①括号内为稳健标准误。②＊、＊＊、＊＊＊分别表示10%、5%、1%的显著性水平。③控制变量与表8-1相同。

第二节　劳动力工资扭曲对不同要素
密集型企业创新的影响

一　子样本回归结果

生产要素密集程度是制造业行业之间存在差异的重要表现，不同要素密集型行业创新活动对劳动力工资扭曲的反应程度也有所区别。本书第5章参照原嫄等（2015）将制造业行业划分为劳动密集型、资本密集型和技术密集型，测算得到三类行业的劳动力工资扭曲均值分别为2.73、2.60、2.80。不同要素密集型行业中劳动力工资扭曲对企业创新的影响是否存在差异？

本节构建劳动力工资扭曲的Lewbel（1997）工具变量，采用工具变量方法考察不同类别行业中工资扭曲与企业创新的关系。表8-4回归结果显示，在劳动密集型行业中，工资扭曲对企业创新的估计系数为−0.09，在1%统计水平上通过显著性检验；在技术密集型行业中，工资水平低于劳动力边际产出的程度每扩大10%，引起创新产值降低0.51%；工资扭曲对资本密集型行业的影响未通过显著性检验。

表8-4		不同要素密集型行业的回归结果	
变量名称	（1） 劳动密集型	（2） 资本密集型	（3） 技术密集型
WDistortion	-0.0883***	-0.0072	-0.0505*
	（0.0178）	（0.0234）	（0.0312）
Scale	0.1739***	0.2917***	0.3937***
	（0.0086）	（0.0116）	（0.0154）
Age	-0.0021***	0.0026***	-0.0003
	（0.0008）	（0.0010）	（0.0014）
Export	0.3628***	0.8824***	0.8838***
	（0.0184）	（0.0333）	（0.0427）
Profit	-0.6361***	-0.4556***	-0.3765***
	（0.0698）	（0.0846）	（0.1083）
Leverage	-0.0292	-0.1318***	-0.0158
	（0.0218）	（0.0288）	（0.0406）
Liquidity	-0.0968***	-0.1317***	-0.0401
	（0.0184）	（0.0241）	（0.0336）
Subsidy	0.0908***	0.1048***	0.1242***
	（0.0067）	（0.0083）	（0.0104）
Productivity	0.1249***	0.1276***	0.1767***
	（0.0154）	（0.0203）	（0.0273）
AverageW	-0.0042***	-0.0103***	-0.0136***
	（0.0016）	（0.0019）	（0.0027）
PerGDP	-0.5488***	-0.5067***	0.1567**
	（0.0437）	（0.0576）	（0.0788）
Edustruc	0.0598***	0.0599***	0.0587***
	（0.0026）	（0.0033）	（0.0044）
MinimumW	0.9430***	0.9246***	0.6422***
	（0.0504）	（0.0662）	（0.0892）
Provcd	控制	控制	控制
Constant	-3.4382***	-4.3062***	-4.2829
	（1.0283）	（1.5785）	（4.1976）
N	465375	351507	254726

注：①括号内为稳健标准误。②*、**、***分别表示10%、5%、1%的显著性水平。

二 差异化影响的成因分析

劳动力作为最基本的生产要素之一，与企业创新活动之间存在替代性和互补性双重关系。从替代性来讲，丰富、廉价的劳动力资源可能以低成本优势为低技术含量的企业提供生存机会和发展空间，延缓这类企业从事创新和转型升级的进程，阻碍企业优胜劣汰的市场机制；从互补性分析，高人力资本劳动力是企业进行研发创新的基础投入要素，其积极性和主观能动性是推进创新的必然要求。工资扭曲导致劳动力难以获得与劳动生产率相匹配的收入水平，密集使用劳动力要素的企业将获得更多的扭曲收益，强化劳动力与创新之间的替代性关系；不合理的劳动报酬将损害具有高人力资本劳动力的主动性、创造性甚至努力程度，进而削弱高人力资本劳动力与创新之间的互补性关系。

制造业不同要素密集型行业的生产要素投入结构、研发创新需求等方面存在明显差异，对应于劳动力和企业创新的替代性、互补性双重关系，深入探寻导致不同行业组别中工资扭曲对企业创新差异性影响的原因。在要素投入方面，劳动密集型制造业在生产过程中的劳动力投入量相比其他生产要素更多，其发展在很大程度上取决于劳动要素的资源供给条件与生产成本。当劳动报酬低于劳动贡献出现工资向下扭曲时，其他条件不变，劳动密集型行业依靠劳动力投入规模更可能获得高于另外两类行业的扭曲收益。这也意味着工资扭曲将加剧劳动密集型行业对具有成本优势的劳动力资源的依赖性，使其没有动力进行人力资本投资和研发创新投资，进而抑制该行业企业创新产值的提升，阻碍中国制造业内部由劳动密集型向高附加值的资本和技术密集型行业的转型升级。

另一方面，不同行业创新需求内生于要素密集程度，在劳动密集型、资本密集型和技术密集型行业中，研发创新的重要性依次上升，三类行业的创新需求、人力资本水平也逐步提高（鲁桐、党印，2014）。与资本密集型行业相比，技术密集型行业创新活动更为复杂，对拥有先进技能和知识的高人力资本劳动者的需求更高，劳动报酬低于劳动贡献更可能降低这类劳动力的创新激励，减弱其学习、吸收、转化、创造知识的积极性，在更大程度上抑制技术密集型行业中高人力资本对企业创新活动本应发挥的作用，不利于关键核心技术的攻关。

第三节　本章小结

本章是对第 6 章和第 7 章劳动力工资扭曲对企业创新影响与作用机制的实证分析的拓展，进一步实证检验不同所有制类型、不同要素密集型行业中，劳动力工资扭曲对企业创新影响的差异性及其原因。

（1）在不同所有制类型企业中，劳动力工资扭曲主要抑制民营企业的创新活动，对国有企业和外资企业创新无显著影响。民营企业平均工资水平低于劳动力边际产出的程度每扩大 10%，创新产值降低 0.40%。

（2）在不同要素密集型行业中，劳动力工资扭曲主要抑制劳动密集型和技术密集型行业企业创新活动，对资本密集型行业创新无显著影响。劳动力工资扭曲增大 10%，分别引起劳动密集型行业和技术密集型行业企业创新产值降低 0.88% 和 0.51%。

第九章 研究结论、对策建议与研究展望

本章首先对全书主要研究结论进行归纳、总结；其次结合中国现实背景，探讨研究结论所蕴含的相关对策启示；最后指出本书研究存在的不足之处，提出未来进一步研究的可能方向。

第一节 主要研究结论

本书从中国劳动力工资向下扭曲的特征事实出发，以劳动力工资扭曲如何影响企业创新为主线，通过逻辑推演构建工资扭曲影响企业创新的理论机制，在客观测度分析企业和劳动力个体层面工资扭曲的基础上，实证检验工资扭曲对企业创新的具体影响及其作用机制，进一步分所有制类型、分要素密集度考察工资扭曲对企业创新的异质性影响及成因。得到以下主要研究结论。

（1）中国劳动力市场存在较为普遍的工资向下扭曲现象。在微观企业层面，采用企业应付工资、劳动报酬数据计算的工资扭曲均值分别为 3.49 和 3.17，工资向下扭曲的企业比重高达 83.25% 和 79.51%。考虑到中国工业企业数据库可能存在低估劳动力福利收入的问题，借鉴 Hsieh 和 Klenow（2007）将企业劳动报酬调整至与宏观占比相同后，样本企业工资扭曲均值仍达到 2.72，即企业劳动力边际产出是实际工资水平的 2.72 倍，工资向下扭曲的企业比重仍为 73.06%。分年份测度结果表明，1999—2013 年（除 2009 年、2010 年）期间，劳动力工资扭曲呈现先增后降的变化趋势，2008 年之后

工资扭曲程度得以缓解。在不同所有制类型企业中，工资扭曲程度
从高到低依次为民营企业、国有企业、外资企业。在不同要素密集
型行业中，技术密集型行业的工资扭曲程度略高于劳动密集型行
业，资本密集型行业的工资扭曲程度最低。在个体劳动力层面，基
于 CFPS 数据，以劳动力工资可能性边界衡量个体劳动生产率，
2014 年、2016 年个体劳动力工资扭曲均值分别为 1.75 和 1.48。受
教育程度、性别与婚姻状态等方面具有不同特征的群体之间，劳动
力工资扭曲存在显著差异，高人力资本劳动力工资扭曲程度更低，
婚姻对于男性具有缓解工资扭曲的积极作用，但已婚女性在劳动力
市场上更难获得与劳动生产率相匹配的报酬水平。

（2）制造业企业劳动力工资扭曲显著抑制企业创新产值的提
升。具体而言，工资低于劳动力边际产出的程度每扩大 10%，引起
企业创新产值降低约 0.36%。选取 Lewbel（1997）方法设计工资扭
曲的内部工具变量，减少企业创新利润对工资扭曲反向影响产生的
估计偏误，工资扭曲对企业创新的抑制作用在一系列内生性和稳健
性检验后仍然成立。其他情况不变时，企业规模、出口占比、劳动
生产率、政府补贴等企业特征，以及高人力资本占比、最低工资标
准等地区特征，与企业创新活动具有正向关系。

（3）劳动力工资扭曲主要通过扭曲收益机制、人力资本机制、
消费需求机制三条作用机制实现对企业创新的影响，三者共同解释
了工资扭曲对企业创新抑制效应的 94.03%，其中扭曲收益是发挥
主导作用的中介机制。第一，扭曲收益机制具有显著性。劳动力工
资扭曲导致价格信号与真实的禀赋条件错位，阻碍要素资源结构变
动对企业创新的自发促进效应，同时扭曲收益带来的低成本优势削
弱企业家的创新动力。第二，人力资本机制具有显著性。劳动力工
资扭曲使得企业依赖劳动力规模而不注重人力资本质量，减弱企业
对员工的培训激励，同时造成高人力资本流失的问题，对企业创新
产值具有负向影响。第三，消费需求机制具有显著性。工资扭曲相
对而言降低劳动者的可支配收入，减少居民消费支出，造成需求规

模和需求层次整体偏低，进而对企业创新活动产生不利影响。第四，总体中介效应及贡献分解表明，扭曲收益机制、人力资本机制、消费需求机制在工资扭曲对企业创新的抑制作用中的相对贡献度分别为46.27%、19.40%和28.36%，扭曲收益机制是起主导作用的中介因素。

（4）劳动力工资扭曲对企业创新的影响在不同所有制类型企业、不同要素密集型行业企业之间具有显著的差异性。分所有制类型，劳动力工资扭曲主要抑制民营企业的创新活动，对国有企业和外资企业创新无显著影响。政府关联和政策性优势赋予国有企业一定程度的垄断超额利润和多元化经营目标，国有企业对劳动力成本变动的敏感性较低，并且其职工培训存在与企业研发创新需求脱节的现象。外资企业的创新决策更多受母公司发展战略和规划的影响。分要素密集度，劳动力工资扭曲主要抑制劳动密集型和技术密集型行业企业的创新活动，对资本密集型行业无显著影响。工资扭曲加剧劳动密集型行业对低成本劳动力资源的依赖性，削弱技术密集型行业高端人才在创新活动中的能动性。

第二节　对策建议

一　深化劳动要素市场化改革，消除劳动力工资扭曲

基于早期发展战略、资源禀赋条件以及传统的要素驱动经济增长模式等现实背景，中国劳动力市场上工资向下扭曲的现象仍比较普遍。党的十九大报告明确将要素市场化配置作为经济体制改革的重点任务之一，要素价格市场决定、要素流动自主有序是深化要素市场化配置改革的关键，体现在劳动力市场上，即劳动力价格是否由市场机制决定、劳动力资源能否实现自由流动两大关键问题。

（1）完善劳动力价格市场化机制。准确反映要素资源供求状况、变动灵活的市场化价格机制，是消除劳动力工资扭曲、提高劳

动力资源配置效率的核心。如何保障劳动力市场及时、正确传递劳动力资源供求变化的信号，需要进一步处理好政府与市场的关系。发挥市场对劳动力价格的决定性作用，减少政府干预，提高劳动力市场的灵活性，改变以往利用廉价劳动力吸引投资的做法，大力改善投资环境，有序开展招商引资工作。在构建规范化劳动力市场方面应更好地发挥政府的作用，完善劳动力市场制度建设，增强劳动合同法、最低工资制度等法律法规的执行力度，切实保护劳动者的合法权益。劳动力价格市场化机制在要素投入、企业创新等微观决策过程中发挥信号和导向作用，准确的价格信号释放要素资源变化的真实、动态信息，矫正劳动力工资对边际产出的偏离，实现劳动力资源的高效、合理配置。此外，劳动力工资扭曲加剧劳动密集型行业企业对低成本优势的依赖，抑制这类企业的转型升级和研发创新活动，市场化的价格机制有助于发挥人口转型对劳动密集型行业企业退出和转型升级的倒逼作用。

（2）破除阻碍劳动力自由流动的体制机制障碍。劳动力跨城乡、跨区域、跨行业、跨部门流动为中国改革开放以来的高速增长提供了强大的动力源，但伴随经济规模扩大及人口结构转型，劳动力要素的再配置红利逐渐衰减。从中国劳动力市场的结构性特征来看，2018 年，中国城镇人口占比仍不足 60%，城镇居民人均可支配收入达到农村居民的 2.84 倍，行业间、体制间工资差距显著，表明中国劳动力再配置效应仍具有较大的提升空间，但劳动力市场扭曲、制度障碍等阻碍了这一效应的发挥，亟待破除阻碍劳动力自由流动的体制机制障碍。深化户籍制度改革，放宽城市落户条件，逐步解除户籍与教育、医疗等公共服务的关联，使各类劳动力平等享有基本公共服务，打破阻碍劳动力流动的区域壁垒。加强与劳动力流动激励相容的社会保障制度体系建设，提升养老、医疗等社会保障的统筹层次，为迁移人口社会保障的转移接续提供便利，切实降低劳动力的流动成本，构建统一、开放、有序的劳动力市场。

二 强化企业创新主体地位，激发企业创新活力

技术推力理论、企业家精神理论均强调来自企业内部的创新动力，扭曲收益机制在劳动力工资扭曲对企业创新的抑制效应中发挥主导中介作用，进一步揭示出，企业作为创新活动的主体，其创新动力与创新活力的重要性。

（1）创新是企业家精神的内核，企业家追逐创新的原因在于，完全竞争市场上创新是企业超额利润的主要来源。但是长期以来，中国要素市场改革相对滞后，要素价格扭曲为企业提供了低成本优势，企业更不愿意承担创新的风险和成本，减弱企业创新动力，因而深化劳动要素市场化改革、矫正劳动力工资扭曲有助于激发微观企业的创新活力。

（2）外部环境作为企业生存和发展的土壤，是影响微观经济主体活力的重要因素。政府关联和政策性优势赋予国有企业一定程度的垄断超额利润以及多元化经营目标，与民营企业相比，国有企业对劳动力成本的敏感性较低、创新动机和压力偏弱。政府相关部门应加快推动国有企业改革进程，逐步打破垄断，改善国有企业的管理体制和治理结构，形成各类企业公平、透明、充分竞争的格局。以稳定、良好的市场环境鼓励、培育、激发企业家精神，推动市场主导各类资源的配置和利用，吸引更多高端人才、技术和资本等创新资源，全面激活制造业各类企业的创新动力。

三 优化人力资本结构，提升企业创新能力

人才是创新的根基，创新驱动实质上是人才驱动，企业劳动力工资扭曲造成的中高端技能培训不足、高层次人力资本流失是抑制企业创新的重要原因。对劳动力市场特征的考察显示，中国已从劳动力无限供给的阶段逐渐转向劳动力资源相对稀缺的阶段，劳动力供给规模呈下降趋势，但大专及以上受教育程度人口占比仍相对偏低，2018 年大专及以上学历人口占比仅为 14.01%，劳动力供给质量有待提高。

（1）加快人力资本积累，提升劳动力供给质量。当前中国劳动

力市场上受教育程度不高是一个普遍存在的问题，党的十九大报告提出"使绝大多数城乡新增劳动力接受高中阶段教育、更多接受高等教育"。因此必须加大对中西部地区、农村地区、贫困落后地区教育的财政支持和政策倾斜，全面推进高中阶段教育普及工作，推进高等教育发展，多渠道资助低收入群体的人力资本投资，提升劳动力供给质量。

（2）加强技能教育和培训，改善人力资本结构。人口"数量红利"向"质量红利"的转型过程中，技能型劳动力供给无法满足各地区、各行业的需求缺口，高等教育学历的劳动力存在重视理论、缺乏实践技能的问题，"技工荒"、高等教育与市场需求不匹配等人力资本结构问题不容忽视。因此，首先在教育体系上必须注重培养高层次技能型人才，提升教育结构与产业结构的匹配度，使人力资本供给与企业就业岗位需求相适应。其次，利用税收优惠政策等方式激励企业增加员工培训投资，推动企业从内部改善劳动力要素技能结构，建立技能型人力资本的内部积累机制，并开展一般型、技能型、管理型等多层次人力资本培训活动，提升员工培训质量和创新效率。

（3）建立创新人才激励机制，释放创新人才活力。劳动力工资扭曲显著降低技术密集型行业高人力资本劳动力的创新积极性，进而抑制企业创新产值的提升。针对创新型人才，矫正劳动报酬与劳动贡献偏差的基础上，引导企业建立创新人才培养、使用、评价、激励机制，让其分享相应的人力资本价值收益，提升高水平人力资本的配置效率和实际利用效率，充分释放人口质量红利，是适应中国劳动力供求关系变化、培育增长新动能的基础条件。

四　提高居民可支配收入，增加企业创新需求

实证分析表明，在劳动力工资扭曲对企业创新的总体抑制作用中，消费需求机制的相对贡献度达到 28.36%，市场需求规模和需求层次是引致创新的重要因素，深化拓展消费需求空间的关键在于提高居民可支配收入。

（1）工资性收入是居民的主要收入来源，矫正劳动力工资扭曲，使劳动力得到与其劳动贡献相对应的劳动报酬，提高劳动报酬在初次分配中的比重，激励劳动者的主动性、积极性、创造性，同时为企业创新产品创造市场需求，形成创新的需求拉力，由此形成激发企业创新活力的良性循环，促进企业高质量发展。

（2）减税降费是提高居民可支配收入的重要措施之一。从劳动力层面来看，减轻个人所得税和社保缴费负担，将切实提高居民可支配收入，促进形成更加合理的收入分配结构。从企业层面来看，增值税改革以及实施更大规模减税降费政策，通过税收政策调整减轻企业负担，确保微观企业主体在经济内外部冲击下能够生存并取得更大发展，是保障居民可支配收入持续增长的坚实基础。

第三节　研究展望

本书内容展现了中国微观企业和个体劳动力层面工资扭曲的特征事实，在此基础上，为理解劳动力工资扭曲如何影响企业创新提供了新的微观证据，明确了工资扭曲影响企业创新的作用机制，以及工资扭曲对企业创新的影响在不同特征企业中的不同表现，丰富和拓展了相关研究成果，也为完善要素市场化配置机制、因企施策激励企业自主创新提供有益启示。但仍然存在诸多不足之处，以下三个方面需要在未来进一步探讨。

（1）基于相关经济理论与文献，构建了劳动力工资扭曲影响企业创新的理论机制，从理论上提出扭曲收益、人力资本、消费需求三条作用机制，并进行详细的实证检验。戴魁早和刘友金（2016a）借鉴 Hsieh 和 Klenow（2007）的资源误置模型，推导了整体要素市场扭曲与产业创新效率的数理关系，但遗憾的是，尚未有文献以数理模型的方式推导演绎出要素市场扭曲对企业创新的影响机制。从理论和文献视角为劳动力工资扭曲影响企业创新的作用机制分析提供理论依据和逻辑支撑。在今后的研究中，可进一步尝试通过数理模型阐释工资扭曲影响企业创新的作用机理。

（2）分别采用微观企业数据和个体劳动力数据测度评估工资扭曲程度，在此基础上主要从企业层面实证考察劳动力工资扭曲对企业创新的影响与作用机制，但受到数据限制，缺乏企业与雇员的匹配数据，无法探究企业内部不同技能水平劳动力工资扭曲对企业创新影响的差异。未来可以采用新的数据和方法实证检验不同技能水平劳动力工资扭曲对企业创新的具体影响。

（3）采用中国工业企业数据对理论分析进行实证检验，测度了1999—2013 年（除 2009 年、2010 年）企业工资扭曲程度，但由于2008 年及以后年份的数据存在重要变量缺失问题。考虑到数据的准确性和严谨性，以 1999—2007 年样本作为实证检验劳动力工资扭曲与企业创新关系的主要研究对象，以 1999—2013 年全样本作为稳健性检验。本书研究表明，工资扭曲抑制企业创新的基本结论具有一般性特征，并未随时间而发生改变。今后如有高质量的更新数据可继续跟进检验劳动力工资扭曲与企业创新的关系。

参考文献

安同良，千慧雄：《中国居民收入差距变化对企业产品创新的影响机制研究》，《经济研究》2014年第9期。

白俊红，卞元超：《要素市场扭曲与中国创新生产的效率损失》，《中国工业经济》2016年第11期。

白雪洁，李爽：《要素价格扭曲、技术创新模式与中国工业技术进步偏向——基于中介效应模型的分析》，《当代经济科学》2017年第1期。

白重恩，钱震杰：《谁在挤占居民的收入——中国国民收入分配格局分析》，《中国社会科学》2009年第5期。

柏培文，杨志才：《劳动力议价能力与劳动收入占比——兼析金融危机后的影响》，《管理世界》2019年第5期。

才国伟，刘剑雄：《收入风险、融资约束与人力资本积累——公共教育投资的作用》，《经济研究》2014年第7期。

蔡昉，王德文，都阳：《劳动力市场扭曲对区域差距的影响》，《中国社会科学》2001年第2期。

蔡昉：《人口转变、人口红利与刘易斯转折点》，《经济研究》2010年第4期。

钞小静，沈坤荣：《城乡收入差距、劳动力质量与中国经济增长》，《经济研究》2014年第6期。

陈丰龙，徐康宁：《本土市场规模与中国制造业全要素生产率》，《中国工业经济》2012年第5期。

陈建宝，李坤明：《收入分配、人口结构与消费结构：理论与实证研究》，《上海经济研究》2013 年第 4 期。

陈林，罗莉娅，康妮：《行政垄断与要素价格扭曲——基于中国工业全行业数据与内生性视角的实证检验》，《中国工业经济》2016 年第 1 期。

陈凌，姚先国：《论人力资本的资源配置能力》，《经济科学》1994 年第 4 期。

陈潜，周康：《要素市场扭曲与多产品出口企业的贸易边际研究》，《南方经济》2015 年第 9 期。

陈晓华，刘慧：《外需疲软、生产技术革新与制造业劳动力价格扭曲》，《统计研究》2015 年第 10 期。

陈永伟，胡伟民：《价格扭曲、要素错配和效率损失：理论和应用》，《经济学（季刊）》2011 年第 4 期。

陈永伟，周羿：《职业选择、性别歧视和工资差异——对我国城市劳动力市场的分析》，《劳动经济研究》2014 年第 1 期。

程晨，王萌萌：《企业劳动力成本与全要素生产率——"倒逼"机制的考察》，《南开经济研究》2016 年第 3 期。

程丽雯，徐晔，陶长琪：《要素误置给中国农业带来多大损失？——基于超越对数生产函数的随机前沿模型》，《管理学刊》2016 年第 1 期。

程时雄，柳剑平，龚兆鋆：《中国工业行业节能减排经济增长效应的测度及影响因素分析》，《世界经济》2016 年第 3 期。

池振合，杨宜勇：《2004—2008 年劳动收入占比估算》，《统计研究》2013 年第 7 期。

储德银，黄文正，赵飞：《地区差异、收入不平等与城乡居民消费》，《经济学动态》2013 年第 1 期。

戴魁早，刘友金：《要素市场扭曲、区域差异与 R&D 投入——来自中国高技术产业与门槛模型的经验证据》，《数量经济技术经济研究》2015 年第 9 期。

戴魁早，刘友金：《要素市场扭曲如何影响创新绩效》，《世界经济》2016 年第 11 期。

戴魁早，刘友金：《要素市场扭曲与创新效率——对中国高技术产业发展的经验分析》，《经济研究》2016 年第 7 期。

戴魁早：《要素市场扭曲如何影响出口技术复杂度？——中国高技术产业的经验证据》，《经济学（季刊）》2019 年第 1 期。

丁建勋：《要素价格扭曲、资本深化与我国劳动收入份额》，《贵州财经大学学报》2017 年第 1 期。

董鹏刚，史耀波：《市场需求要素驱动的创新溢出效应研究》，《科技进步与对策》2019 年第 9 期。

董晓芳，袁燕：《企业创新、生命周期与聚集经济》，《经济学（季刊）》2014 年第 2 期。

董新兴，刘坤：《劳动力成本上升对企业创新行为的影响——来自中国制造业上市公司的经验证据》，《山东大学学报（哲学社会科学版）》2016 年第 4 期。

都阳：《制造业企业对劳动力市场变化的反应：基于微观数据的观察》，《经济研究》2013 年第 1 期。

樊纲，王小鲁，马光荣：《中国市场化进程对经济增长的贡献》，《经济研究》2011 年第 9 期。

范红忠：《有效需求规模假说、研发投入与国家自主创新能力》，《经济研究》2007 年第 3 期。

方福前：《中国居民消费需求不足原因研究——基于中国城乡分省数据》，《中国社会科学》2009 年第 2 期。

方杰，张敏强：《中介效应的点估计和区间估计：乘积分布法、非参数 Bootstrap 和 MCMC 法》，《心理学报》2012 年第 10 期。

付文林，赵永辉：《价值链分工、劳动力市场分割与国民收入分配结构》，《财经研究》2014 年第 1 期。

傅允生：《产业转移、劳动力回流与区域经济协调发展》，《学术月刊》2013 年第 3 期。

盖庆恩，朱喜，史清华：《劳动力市场扭曲、结构转变和中国劳动生产率》，《经济研究》2013 年第 5 期。

高帆，汪亚楠：《城乡收入差距是如何影响全要素生产率的？》，《数量经济技术经济研究》2016 年第 1 期。

高翔，刘啟仁，黄建忠：《要素市场扭曲与中国企业出口国内附加值率：事实与机制》，《世界经济》2018 年第 10 期。

耿伟，廖显春：《要素价格负向扭曲与中国企业进口中间品多样化》，《国际贸易问题》2016 年第 4 期。

耿晔强，白力芳：《人力资本结构高级化、研发强度与制造业全球价值链升级》，《世界经济研究》2019 年第 8 期。

顾冉，蒲艳萍：《环境污染会加剧劳动力价格扭曲吗？——来自 CFPS 的微观证据》，《产业经济研究》2019 年第 3 期。

郭凯明，颜色：《劳动力市场性别不平等与反歧视政策研究》，《经济研究》2015 年第 7 期。

郭圣乾，俞远鹏，唐雪：《资本与劳动力价格扭曲对城乡收入差距的影响》，《宏观经济研究》2018 年第 9 期。

韩国高，胡文明：《要素价格扭曲如何影响了我国工业产能过剩？——基于省际面板数据的实证研究》，《产业经济研究》2017 年第 2 期。

韩平，吴呈庆：《要素价格扭曲及对经济结构的影响研究》，《哈尔滨商业大学学报（社会科学版）》2012 年第 5 期。

贺建风，张晓静：《劳动力成本上升对企业创新的影响》，《数量经济技术经济研究》2018 年第 8 期。

胡凤玲，张敏：《人力资本异质性与企业创新绩效——调节效应与中介效应分析》，《财贸研究》2014 年第 6 期。

黄鹏，张宇：《中国要素价格相对扭曲对企业技术创新影响的研究——基于微观企业数据的 Probit 检验》，《上海经济研究》2014 年第 7 期。

黄茹，梁绮君，吕拉昌：《城市人口结构与创新能力的关系——基于中国城市的实证分析》，《城市发展研究》2014 年第

9 期。

黄先海，金泽成，余林徽：《出口、创新与企业加成率：基于要素密集度的考量》，《世界经济》2018 年第 5 期。

黄先海，刘毅群：《1985—2010 年间中国制造业要素配置扭曲变动的解析——资本结构变动与技术进步的影响分析》，《经济理论与经济管理》2013 年第 11 期。

籍佳婧：《劳动力市场扭曲对我国服务业就业的影响分析》，《上海经济研究》2013 年第 2 期。

纪雯雯，赖德胜：《人力资本配置与中国创新绩效》，《经济学动态》2018 年第 11 期。

江艇，孙鲲鹏，聂辉华：《城市级别、全要素生产率和资源错配》，《管理世界》2018 年第 3 期。

蒋含明：《要素市场扭曲如何影响我国城镇居民收入分配？——基于 CHIP 微观数据的实证研究》，《南开经济研究》2016 年第 5 期。

解维敏，唐清泉，陆姗姗：《政府 R&D 资助，企业 R&D 支出与自主创新——来自中国上市公司的经验证据》，《金融研究》2009 年第 6 期。

金昊，赵青霞：《人口结构转变如何影响技术创新——基于省级面板数据的实证分析》，《宏观经济研究》2019 年第 12 期。

靳来群，林金忠，丁诗诗：《行政垄断对所有制差异所致资源错配的影响》，《中国工业经济》2015 年第 4 期。

孔东民，徐茗丽，孔高文：《企业内部薪酬差距与创新》，《经济研究》2017 年第 10 期。

赖德胜：《论转型发展阶段的国有经济》，《北京师范大学学报（社会科学版）》1998 年第 1 期。

雷鹏：《生产要素市场扭曲对中国就业影响的实证分析》，《社会科学》2009 年第 7 期。

黎精明，郜进兴：《财政分权、要素价格扭曲与国有企业过度投资》，《中南财经政法大学学报》2010 年第 1 期。

李长青，周伟铎，姚星：《我国不同所有制企业技术创新能力的行业比较》，《科研管理》2014 年第 7 期。

李春涛，宋敏：《中国制造业企业的创新活动：所有制和 CEO 激励的作用》，《经济研究》2010 年第 5 期。

李建强，赵西亮，张昀彬：《教育扩招、人力资本与企业创新》，《中国经济问题》2019 年第 3 期。

李健，盘宇章：《要素市场扭曲和中国创新能力——基于中国省级面板数据分析》，《中央财经大学学报》2018 年第 3 期。

李坤望，陈维涛，王永进：《对外贸易、劳动力市场分割与中国人力资本投资》，《世界经济》2014 年第 3 期。

李鲁，王磊，邓芳芳：《要素市场扭曲与企业间生产率差异：理论及实证》，《财经研究》2016 年第 9 期。

李路路，朱斌，王煜：《市场转型、劳动力市场分割与工作组织流动》，《中国社会科学》2016 年第 9 期。

李平，季永宝，桑金琰：《要素市场扭曲对我国技术进步的影响特征研究》，《产业经济研究》2014 年第 5 期。

李平，季永宝：《要素价格扭曲是否抑制了我国自主创新》，《世界经济研究》2014 年第 1 期。

李文贵，余明桂：《民营化企业的股权结构与企业创新》，《管理世界》2015 年第 4 期。

李子联，朱江丽：《收入分配与自主创新：一个消费需求的视角》，《科学学研究》2014 年第 12 期。

梁文泉，陆铭：《后工业化时代的城市：城市规模影响服务业人力资本外部性的微观证据》，《经济研究》2016 年第 12 期。

林伯强，杜克锐：《要素市场扭曲对能源效率的影响》，《经济研究》2013 年第 9 期。

林炜：《企业创新激励：来自中国劳动力成本上升的解释》，《管理世界》2013 年第 10 期。

刘和旺，郑世林，王宇锋：《所有制类型、技术创新与企业绩效》，《中国软科学》2015 年第 3 期。

刘景东，党兴华，谢永平：《不同知识位势下知识获取方式与技术创新的关系研究——基于行业差异性的实证分析》，《科学学与科学技术管理》2015 年第 1 期。

刘来会，徐坡岭：《劳动力价格扭曲对人民币实际汇率的影响：理论与实证研究》，《世界经济研究》2018 年第 1 期。

刘瑞明，亢延锟，黄维乔：《就业市场扭曲、人力资本积累与阶层分化》，《经济学动态》2017 年第 8 期。

刘一鹏，郑元，张川川：《长得好有高收入？——中国劳动力市场的相貌歧视问题研究》，《经济评论》2016 年第 5 期。

刘奕，林轶琼：《地方政府补贴、资本价格扭曲与产能过剩》，《财经问题研究》2018 年第 11 期。

刘竹青，佟家栋：《要素市场扭曲、异质性因素与中国企业的出口-生产率关系》，《世界经济》2017 年第 12 期。

柳士顺，凌文辁：《多重中介模型及其应用》，《心理科学》2009 年第 2 期。

龙小宁，易巍，林志帆：《知识产权保护的价值有多大？——来自中国上市公司专利数据的经验证据》，《金融研究》2018 年第 8 期。

卢馨：《企业人力资本、R&D 与自主创新——基于高新技术上市企业的经验证据》，《暨南学报（哲学社会科学版）》2013 年第 1 期。

鲁桐，党印：《公司治理与技术创新：分行业比较》，《经济研究》2014 年第 6 期。

鲁晓东，连玉君：《中国工业企业全要素生产率估计：1999—2007》，《经济学（季刊）》2012 年第 2 期。

陆正飞，王雄元，张鹏：《国有企业支付了更高的职工工资吗？》，《经济研究》2012 年第 3 期。

罗长远，张军：《经济发展中的劳动收入占比：基于中国产业数据的实证研究》，《中国社会科学》2009年第4期。

罗德明，李晔，史晋川：《要素市场扭曲、资源错置与生产率》，《经济研究》2012年第3期。

罗勇根，杨金玉，陈世强：《空气污染、人力资本流动与创新活力——基于个体专利发明的经验证据》，《中国工业经济》2019年第10期。

罗知，刘卫群：《国有企业对资本和劳动价格扭曲的非对称影响》，《财经研究》2018年第4期。

罗知，赵奇伟：《为什么中国高投资与低劳动收入占比并存？——劳动生产率与工资增速差距的视角》，《世界经济文汇》2013年第6期。

马红旗，王韧：《对人力资本形成理论的新认识》，《经济学家》2014年第12期。

蒙大斌，杨振兵：《劳动力市场分割加剧了工资扭曲吗？——来自中国省际工业部门的经验证据》，《财经论丛》2016年第9期。

孟凡强：《劳动力市场多重分割下的城乡工资差距》，《人口与经济》2014年第2期。

倪骁然，朱玉杰：《劳动保护、劳动密集度与企业创新——来自2008年〈劳动合同法〉实施的证据》，《管理世界》2016年第7期。

聂辉华，江艇，杨汝岱：《中国工业企业数据库的使用现状和潜在问题》，《世界经济》2012年第5期。

聂辉华，李金波：《政企合谋与经济发展》，《经济学（季刊）》2007年第1期。

潘承烈：《中国企业如何提升自主创新能力?》，《中外管理》2006年第3期。

潘士远，朱丹丹，徐恺：《中国城市过大抑或过小？——基于劳动力配置效率的视角》2018年第9期。

潘烜，程名望，史清华：《工资收入、消费支出与农民工城镇就业——基于上海市 1446 个调查样本的实证分析》，《理论导刊》2013 年第 2 期。

潘越，肖金利，戴亦一：《文化多样性与企业创新：基于方言视角的研究》，《金融研究》2017 年第 10 期。

庞念伟，陈广汉，宋冉：《城镇就业市场上劳动力工资扭曲程度测度》，《南方经济》2014 年第 8 期。

齐亚强，梁童心：《地区差异还是行业差异？——双重劳动力市场分割与收入不平等》，《社会学研究》2016 年第 1 期。

钱晓烨，迟巍，黎波：《人力资本对我国区域创新及经济增长的影响——基于空间计量的实证研究》，《数量经济技术经济研究》2010 第 4 期。

钱震杰，朱晓冬：《中国的劳动份额是否真的很低：基于制造业的国际比较研究》，《世界经济》2013 年第 10 期。

冉茂盛，毛战宾：《人力资本对经济增长的作用机理分析》，《重庆大学学报（社会科学版）》2008 年第 1 期。

任志成，戴翔：《劳动力成本上升对出口企业转型升级的倒逼作用——基于中国工业企业数据的实证研究》，《中国人口科学》2015 年第 1 期。

邵汉华，汪元盛：《人口结构与技术创新》，《科学学研究》2019 年第 4 期。

邵敏，包群：《外资进入是否加剧中国国内工资扭曲：以国有工业企业为例》，《世界经济》2012 年第 10 期。

邵敏，黄玖立：《外资与我国劳动收入份额——基于工业行业的经验研究》，《经济学（季刊）》2010 年第 4 期。

邵敏，武鹏：《出口贸易、人力资本与农民工的就业稳定性——兼议我国产业和贸易的升级》，《管理世界》2019 年第 3 期。

邵挺，李井奎：《资本市场扭曲、资本收益率与所有制差异》，《经济科学》2010 年第 5 期。

盛丹，陆毅：《国有企业改制降低了劳动者的工资议价能力吗?》，《金融研究》2017 年第 1 期。

盛仕斌，徐海：《要素价格扭曲的就业效应研究》，《经济研究》1999 年第 5 期。

施炳展，冼国明：《要素价格扭曲与中国工业企业出口行为》，《中国工业经济》2012 年第 2 期。

史晋川，赵自芳：《所有制约束与要素价格扭曲——基于中国工业行业数据的实证分析》，《统计研究》2007 年第 6 期。

舒元，张莉，徐现祥：《中国工业资本收益率和配置效率测算及分解》，《经济评论》2010 年第 1 期。

苏启林，赵永亮，杨子晖：《市场冲击、要素扭曲配置与生产率损失——基于出口企业订单波动的经验研究》，《经济研究》2016 年第 8 期。

孙婧芳：《城市劳动力市场中户籍歧视的变化：农民工的就业与工资》，《经济研究》2017 年第 8 期。

孙宁华，堵溢，洪永淼：《劳动力市场扭曲、效率差异与城乡收入差距》，《管理世界》2009 年第 9 期。

孙圣民，陈强：《家庭联产承包责任制与中国农业增长的再考察——来自面板工具变量法的证据》，《经济学（季刊）》2017 年第 2 期。

孙文杰，沈坤荣：《人力资本积累与中国制造业技术创新效率的差异性》，《中国工业经济》2009 年第 3 期。

孙早，侯玉琳：《政府培训补贴、企业培训外部性与技术创新——基于不完全劳动力市场中人力资本投资的视角》，《经济与管理研究》2019 年第 4 期。

谭洪波：《中国要素市场扭曲存在工业偏向吗? ——基于中国省级面板数据的实证研究》，《管理世界》2015 年第 12 期。

陶小马，邢建武，黄鑫，周雯：《中国工业部门的能源价格扭曲与要素替代研究》，《数量经济技术经济研究》2009 年第 11 期。

田永坡，和川，于月芳：《城乡劳动力市场分割、社会保障制度与人力资本投资研究》，《山东社会科学》2006 年第 7 期。

王珏，祝继高：《劳动保护能促进企业高学历员工的创新吗？——基于 A 股上市公司的实证研究》，《管理世界》2018 年第 3 期。

王俊，刘东：《中国居民收入差距与需求推动下的技术创新》，《中国人口科学》2009 年第 5 期。

王明益，戚建梅：《我国出口产品质量升级：基于劳动力价格扭曲的视角》，《经济学动态》2017 年第 1 期。

王宁，史晋川：《中国要素价格扭曲程度的测度》，《数量经济技术经济研究》2015 年第 9 期。

王宁：《生产要素市场扭曲的结构效应分析》，博士学位论文，浙江大学，2016 年。

王少国，潘恩阳：《企业创新与人力资本积累互动机制研究》，《经济社会体制比较》2018 年第 1 期。

王文春，荣昭：《房价上涨对工业企业创新的抑制影响研究》，《经济学（季刊）》2014 年第 2 期。

王希：《要素价格扭曲与经济失衡之间的互动关系研究》，《财贸研究》2012 年第 5 期。

王鑫，齐秀琳，雷鸣：《工头制、劳动力市场分割与工资扭曲：来自近代工业的证据》，《南开经济研究》2018 年第 5 期。

王永钦，李蔚，戴芸：《僵尸企业如何影响了企业创新？——来自中国工业企业的证据》，《经济研究》2018 年第 11 期。

王展祥，龚广祥：《劳动报酬份额偏离程度分析——基于劳资议价能力的视角》，《经济评论》2017 年第 1 期。

王智波，李长洪：《好男人都结婚了吗？——探究我国男性工资婚姻溢价的形成机制》，《经济学（季刊）》2016 年第 3 期。

温军，冯根福：《风险投资与企业创新："增值"与"攫取"的权衡视角》，《经济研究》2018 年第 2 期。

温忠麟，叶宝娟：《中介效应分析：方法和模型发展》，《心理科学进展》2014 年第 5 期。

文东伟：《资源错配、全要素生产率与中国制造业的增长潜力》，《经济学（季刊）》2019 年第 2 期。

文雁兵，陆雪琴：《中国劳动收入份额变动的决定机制分析——市场竞争和制度质量的双重视角》，《经济研究》2018 年第 9 期。

吴建新，刘德学：《人力资本、国内研发、技术外溢与技术进步——基于中国省际面板数据和一阶差分广义矩方法的研究》，《世界经济文汇》2010 年第 4 期。

吴先明，张楠，赵奇伟：《工资扭曲、种群密度与企业成长：基于企业生命周期的动态分析》，《中国工业经济》2017 第 10 期。

吴延兵：《中国哪种所有制类型企业最具创新性?》，《世界经济》2012 年第 6 期。

吴要武：《非正规就业者的未来》，《经济研究》2009 年第 7 期。

吴愈晓：《劳动力市场分割、职业流动与城市劳动者经济地位获得的二元路径模式》，《中国社会科学》2011 年第 1 期。

冼国明，徐清：《劳动力市场扭曲是促进还是抑制了 FDI 的流入》，《世界经济》2013 年第 9 期。

谢攀，林致远：《地方保护、要素价格扭曲与资源误置——来自 A 股上市公司的经验证据》，《财贸经济》2016 年第 2 期。

徐长生，刘望辉：《劳动力市场扭曲与中国宏观经济失衡》，《统计研究》2008 年第 5 期。

许培源，章燕宝：《行业技术特征、知识产权保护与技术创新》，《科学学研究》2014 年第 6 期。

阳立高，谢锐，贺正楚，韩峰，孙玉磊：《劳动力成本上升对制造业结构升级的影响研究——基于中国制造业细分行业数据的实证分析》，《中国软科学》2014 年第 12 期。

杨金阳，周应恒，严斌剑：《劳动力市场分割、保留工资与"知识失业"》，《人口学刊》2014 年第 5 期。

杨洋，魏江，罗来军：《谁在利用政府补贴进行创新？——所有制和要素市场扭曲的联合调节效应》，《管理世界》2015 年第 1 期。

杨以文，郑江淮：《企业家精神、市场需求与生产性服务企业创新》，《财贸经济》2013 年第 1 期。

杨园争，方向明，郑晓冬：《劳动力市场中容貌歧视的学历纠正效应研究》，《南方经济》2017 年第 3 期。

杨振兵，张诚：《中国工业部门产能过剩的测度与影响因素分析》，《南开经济研究》2015 年第 6 期。

姚东旻，李三希，林思思：《老龄化会影响科技创新吗——基于年龄结构与创新能力的文献分析》，《管理评论》2015 年第 8 期。

姚先国，翁杰：《企业对员工的人力资本投资研究》，《中国工业经济》2005 年第 2 期。

姚先国，曾国华：《劳动力成本的激励效应与合理区间》，《经济学家》2012 年第 8 期。

姚战琪：《工业和服务外包对中国工业生产率的影响》，《经济研究》2010 年第 7 期。

姚战琪：《中国生产率增长与要素结构变动的关系研究》，《社会科学辑刊》2011 年第 4 期。

叶林祥，李实，罗楚亮：《行业垄断、所有制与企业工资收入差距——基于第一次全国经济普查企业数据的实证研究》，《管理世界》2011 年第 4 期。

余东华，孙婷，张鑫宇：《要素价格扭曲如何影响制造业国际竞争力》，《中国工业经济》2018 年第 2 期。

余明桂，范蕊，钟慧洁：《中国产业政策与企业技术创新》，《中国工业经济》2016 年第 12 期。

余向华，陈雪娟：《中国劳动力市场的户籍分割效应及其变

迁——工资差异与机会差异双重视角下的实证研究》，《经济研究》
2012 年第 12 期。

虞义华，赵奇锋，鞠晓生：《发明家高管与企业创新》，《中国
工业经济》2018 年第 3 期。

袁富华，张平，陆明涛：《长期经济增长过程中的人力资本结
构——兼论中国人力资本梯度升级问题》，《经济学动态》2015 年
第 5 期。

袁鹏，朱进金：《要素市场扭曲、技术进步偏向与劳动份额变
化》，《经济评论》2019 年第 2 期。

原嫄，李国平，孙铁山，吴爱芝：《中国制造业各行业大类的
区域转移特征与聚类研究》，《经济地理》2015 年第 10 期。

约翰·穆勒：《政治经济学原理》，商务印书馆 1991 年。

约瑟夫·熊彼特：《经济发展理论——对利润、资本、信贷、
利息和经济周期的考察》，商务印书馆 1990 年。

詹新宇，方福前：《劳动力成本上升与中国经济波动——基于
动态新凯恩斯主义视角》，《金融研究》2014 年第 4 期。

张赤东，王元：《企业创新的动机：来自市场需求的激励——
基于国家级创新型企业全样本调查问卷分析》，《中国科技论坛》
2014 年第 4 期。

张萃：《外来人力资本、文化多样性与中国城市创新》，《世界
经济》2019 年第 11 期。

张贵，王岩：《要素扭曲、技术研发与效率损失——中国高技
术产业实证研究》，《科技进步与对策》2019 年第 1 期。

张国强，温军，汤向俊：《中国人力资本、人力资本结构与产
业结构升级》，《中国人口·资源与环境》2011 年第 10 期。

张杰，周晓艳，李勇：《要素市场扭曲抑制了中国企业 R&D？》，
《经济研究》2011 年第 8 期。

张杰，周晓艳，郑文平，芦哲：《要素市场扭曲是否激发了中
国企业出口》，《世界经济》2011 年第 8 期。

张锦华，吴方卫：《梯度二元融资结构下中国农村家庭的教育选择——基于嵌套 LOGIT 模型的实证分析》，《农业技术经济》2007年第 2 期。

张军，王永钦：《大转型：中国经济改革的过去、现在与未来》，格致出版社 2019 年。

张宽，黄凌云：《贸易开放、人力资本与自主创新能力》，《财贸经济》2019 年第 12 期。

张明志，铁瑛，傅川：《工资扭曲对中国企业出口的影响：全球价值链视角》，《经济学动态》2017 年第 6 期。

张庆昌，李平：《生产率与创新工资门槛假说：基于中国经验数据分析》，《数量经济技术经济研究》2011 年第 11 期。

张曙光，程炼：《中国经济转轨过程中的要素价格扭曲与财富转移》，《世界经济》2010 年第 10 期。

张天华，张少华：《中国工业企业全要素生产率的稳健估计》，《世界经济》2016 年第 4 期。

张万里，魏玮：《要素密集度、产业集聚与生产率提升——来自中国企业微观数据的经验研究》，《财贸研究》2018 年第 7 期。

张晓玫，罗鹏：《金融发展、信贷期限结构与产业集聚——基于工业产业要素密集度的视角》，《南方经济》2015 年第 6 期。

张璇，刘贝贝，汪婷，李春涛：《信贷寻租、融资约束与企业创新》，《经济研究》2017 年第 5 期。

张宇，巴海龙：《要素价格变化如何影响研发强度——基于地区研发强度分解数据的实证研究》，《南方经济》2015 年第 1 期。

章莉，李实，William A. D.，Rhonda V. S：《中国劳动力市场上工资收入的户籍歧视》，《管理世界》2014 年第 11 期。

章上峰，许冰，顾文涛：《时变弹性生产函数模型统计学与经济学检验》，《统计研究》2011 年第 11 期。

章元，王昊：《城市劳动力市场上的户籍歧视与地域歧视：基于人口普查数据的研究》，《管理世界》2011 年第 7 期。

赵书华，张弓：《对服务贸易研究角度的探索——基于生产要素密集度对服务贸易行业的分类》，《财贸经济》2009 年第 3 期。

赵西亮，李建强：《劳动力成本与企业创新——基于中国工业企业数据的实证分析》，《经济学家》2016 年第 7 期。

赵自芳，史晋川：《中国要素市场扭曲的产业效率损失——基于 DEA 方法的实证分析》，《中国工业经济》2006 年第 10 期。

郑振雄，刘艳彬：《要素价格扭曲下的产业结构演进研究》，《中国经济问题》2013 年第 3 期。

周开国，卢允之，杨海生：《融资约束、创新能力与企业协同创新》，《经济研究》2017 年第 7 期。

周先波，刘建广，郑馨：《信息不完全、搜寻成本和均衡工资——对广东省外来农民工劳动力市场信息不完全程度的测度》，《经济学（季刊）》2016 年第 1 期。

周一成，廖信林：《要素市场扭曲与中国经济增长质量：理论与经验证据》，《现代经济探讨》2018 年第 8 期。

朱喜，史清华，盖庆恩：《要素配置扭曲与农业全要素生产率》，《经济研究》2011 年第 5 期。

朱志胜：《中国城镇劳动力市场工资扭曲程度测算》，《人口学刊》2016 年第 3 期。

诸竹君，黄先海，宋学印，胡馨月，王煌：《劳动力成本上升、倒逼式创新与中国企业加成率动态》，《世界经济》2017 年第 8 期。

庄子银：《企业家精神、持续技术创新和长期经济增长的微观机制》，《世界经济》2005 年第 12 期。

宗庆庆，黄娅娜，钟鸿钧：《行业异质性、知识产权保护与企业研发投入》，《产业经济研究》2015 年第 2 期。

邹红，喻开志：《劳动收入份额、城乡收入差距与中国居民消费》，《经济理论与经济管理》2011 年第 3 期。

Acharya V. V. , Baghai R. P. , Subramanian K. , "Labor Laws and Innovation", The Journal of Law and Economics, Vol. 56, No. 4, 2013.

Acs Z. J, Audretsch D. B. , "Innovation, Market Structure, and Firm Size", The Review of Economics and Statistics, Vol. 69, No. 4, 1987.

Adamchik V. A. , King A. E. , "Labor Market Efficiency in Poland: A Stochastic Wage Frontier Analysis", The International Journal of Business and Finance Research, Vol. 1, No. 2, 2007

Ahmad S. , "On the Theory of Induced Invention", The Economic Journal, Vol. 76, No. 302, 1966.

Allred B. B. , Park W. G. , "The influence of patent protection on firm innovation investment in manufacturing industries", Journal of International Management, Vol. 13, No. 2, 2007.

Andersson D. , Karadja M. , Prawitz E. , "Mass Migration, Cheap Labor, and Innovation", The Journal of Economic History, Vol. 78, No. 2, 2018.

Aoki S. , "A simple accounting framework for the effect of resource misallocation on aggregate productivity", Journal of The Japanese and International Economies, Vol. 26, No. 4, 2012.

Arrow K. J. , "The Economic Implications of Learning by Doing", The Review of Economic Studies, Vol. 29, No. 3, 1962.

Atkinson S. E. , Cornwell C. , "Profit versus Cost Frontier Estimation of Price and Technical Inefficiency: A Parametric Approach with Panel Data", Southern Economic Journal, Vol. 64, No. 3, 1998.

Atkinson S. E. , Halvorsen R. , "A Test of Relative and Absolute Price Efficiency in Regulated Utilities", The Review of Economics and Statistics, Vol. 62, No. 1, 1980.

Atkinson S. E. , Halvorsen R. , "Parametric Efficiency Tests, Economies of Scale, and Input Demand in U. S. Electric Power Generation", International Economic Review, Vol. 25, No. 3, 1984.

Audretsch D. B. , Feldman M. P. , "R&D Spillovers and the Geography of Innovation and Production", American Economic Review,

Vol. 86, No. 3, 1996.

Baron R. M. , Kenny D. A. , "The moderator - mediator variable distinction in social psychological research: Conceptual, strategic, and statistical considerations", Journal of Personality & Social Psychology, Vol. 51, No. 6, 1987.

Barro R. J. , Lee J. , "International Measures of Schooling Years and Schooling Quality", The American Economic Review, Vol. 86, No. 2, 1996.

Becker G. S. , Human capital, New York: Columbia University Press, 1964.

Becker G. S. , The Economics of Discrimination, Chicago: The University of Chicago Press, 1957.

Beladi H. , Chau N. H. , "Endogenous factor market distortion, risk aversion, and international trade under input uncertainty", Canadian Journal of Economics, Vol. 33, No. 2, 2000.

Bento P. , Restuccia D. , "Misallocation, Establishment Size, and Productivity", American Economic Journal: Macroeconomics, Vol. 9, No. 3, 2017.

Bertrand M. , Mullainathan S. , "Are Emily and Greg more employable than Lakisha and Jamal? A field experiment on labor market discrimination", The American Economic Review, Vol. 94, No. 4, 2003.

Bhagwati J. N. , Ramaswami V. K. , "Domestic Distortions, Tariffs and the Theory of Optimum Subsidy", Journal of Political Economy, Vol. 71, No. 1, 1963.

Bhagwati J. N. , Srinivasan T. N. , "The theory of wage differentials: Production response and factor price equalization", Journal of International Economics, Vol. 1, No. 1, 1971.

Binswanger H. P. , "The Measurement of Technical Change Biases with Many Factors of Production", American Economic Review,

64, 1974.

Bradley D. , Kim I. , Tian X. , "Do Unions Affect Innovation", Management Science, Vol. 63, No. 7, 2017.

Brandt L. , Tombe T. , Zhu X. , "Factor Market Distortions Across Time, Space and Sectors in China", Review of Economic Dynamics, Vol. 16, No. 1, 2013.

Brandt L. , Zhu X. , "Accounting for China's Growth", IZA Discussion Papers, 2010.

Broadberry S. , Gupta B. , "The Early Modern Great Divergence: Wages, Prices and Economic Development in Europe and Asia, 1500-1800", The Economic History Review, Vol. 59, No. 1, 2006.

Campbell J. Y. , Mankiw N. G. , "The response of consumption to income: A cross- country investigation", European Economic Review, Vol. 35, No. 4, 1991.

Carlsson M. , Rooth D. , "Evidence of Ethnic Discrimination in the Swedish Labor Market Using Experimental Data", Labour Economics, Vol. 14, No. 4, 2007.

Chacholiades M. , International Trade Theory and Policy, New York: Mc Graw-Hill Book Company, 1978.

Chari V. V. , Kehoe P. J. , Mcgrattan E. R. , "Accounting for the Great Depression", The American Economic Review, Vol. 92, No. 2, 2002.

Cinnirella F. , Streb J. , "The role of human capital and innovation in economic development: evidence from post - Malthusian Prussia", Journal of Economic Growth, Vol. 22, No. 2, 2017.

Cook P. , Uchida Y. , "Structural change, competition and income distribution", The Quarterly Review of Economics and Finance, Vol. 48, No. 2, , 2008.

De Paola M. , Scoppa V. , "Gender Discrimination and Evaluators'

Gender: Evidence from Italian Academia", Economica, Vol. 82, No. 325, 2015.

Dias D. A. , Marques C. R. , Richmond C. , "Misallocation and Productivity in the Lead Up to the Eurozone Crisis", Journal of Macroeconomics, p. 46-70, 2016.

Doeringer P. , Piore M. , Internal labor markets and manpower analysis, Lexington, MA: Lexington, 1971.

Duranton G. , Puga D. , "Micro-Foundations of Urban Agglomeration Economies", Handbook of Regional and Urban Economics, p. 2063 - 2117, 2003.

Earl M. J. , "Knowledge Management Strategies: Toward a Taxonomy", Journal of Management Information Systems, Vol. 18, No. 1, 2001.

Edler J. , Georghiou L. , "Public procurement and innovation—Resurrecting the demand side", Research Policy, Vol. 36, No. 7, 2007.

Falvey R. , Greenaway D. , Silva J. , "Trade Liberalisation and Human Capital Adjustment", Journal of International Economics, Vol. 81, No. 2, 2010.

Farrell M. J. , "The Measurement of Productive Efficiency", Journal of the Royal Statistical Society, Vol. 120, No. 3, 1957.

Fase M. M. , Tieman A. F. , "Wage moderation, innovation and labour productivity: myths and facts revisited", Economist - netherlands, p. 115-127, 2001.

Firth M. , Leung T. Y. , Rui O. M. , "Relative pay and its effects on firm efficiency in a transitional economy", Journal of Economic Behavior and Organization, p. 59-77, 2015.

Fishlow A. , David P. A. , "Optimal Resource Allocation in an Imperfect Market Setting", Journal of Political Economy, Vol. 69, No. 6, 1961.

Flavin M. , "The Adjustment of Consumption to Changing Expectations about Future Income", Journal of Political Economy, Vol. 89,

No. 5, 1981.

Freeman C., A Study of Success and Failure in Industrial Innovation. In: Williams B. R. (eds) Science and Technology in Economic Growth, London: International Economic Association Conference, 1973.

Freeman C., The Economics of Industrial Innovation, London: Pinter, 1982.

Freeman C., "Networks of innovators: A synthesis of research issues", Research Policy, Vol. 20, No. 5, 1991.

Frenkel A., Shefer D., Koschatzky K., "Firm Characteristics, Location and Regional Innovation: A Comparison Between Israeli and German Industrial Firms", Regional Studies, Vol. 35, No. 5, 2001.

Ge Y., Knittel C. R., Mackenzie D., "Racial and Gender Discrimination in Transportation Network Companies", National Bureau of Economic Research, 2016.

Guner N., Ventura G., Xu Y., "Macroeconomic Implications of Size – Dependent Policies", Review of Economic Dynamics, Vol. 11, No. 4, 2008.

Hagen E. E., "An Economic Justification of Protectionism", Quarterly Journal of Economies, Vol. 72, No. 4, 1958.

Hall R. E., "The Relation between Price and Marginal Cost in U. S. Industry", Journal of Political Economy, Vol. 96, No. 5, 1986.

Hansen M. T., Nohria N., "How to Build Collaborative Advantage", MIT Sloan Management Review, Vol. 46, No. 1, 2004.

Hayes A. F, Scharkow M., "The Relative Trustworthiness of Inferential Tests of the Indirect Effect in Statistical Mediation Analysis Does Method Really Matter", Psychological Science, Vol. 24, No. 10, 2013.

Hicks J. R., The theory of wages, London: MacMillan, 1932.

Hirshleifer D., Hsu P. H., Li D., "Innovative efficiency and stock returns", Journal of Financial Economics, Vol. 107, No. 3, 2013.

Hsieh C. , Klenow P. J. , "Misallocation and Manufacturing TFP in China and India", Quarterly Journal of Economics, Vol. 124, No. 4, 2007.

Hsieh C. , Moretti E. , "Housing Constraints and Spatial Misallocation", American Economic Journal: Macroeconomics, Vol. 11, No. 2, 2019.

Huang Y. , "Dissecting the China Puzzle: Asymmetric Liberalization and Cost Distortion", Asian Economic Policy Review, Vol. 5, No. 2, 2010.

Iacobucci D. , "Mediation Analysis and Categorical Variables: The Final Frontier", Journal of Consumer Psychology, Vol. 22, No. 4, 2012.

Jaffe A. B. , "Real Effects of Academic Research", American Economic Review, Vol. 79, No. 5, 1989.

Johnson H. G. , "Factor Market Distortions and the Shape of the Transformation Curve", Econometrica, Vol. 34, No. 3, 1966.

Jones B. F. , "Age and Great Invention", The Review of Economics and Statistics, Vol. 92, No. 1, 2005.

Jones C. I. , "Misallocation, Economic Growth, and Input-Output Economics", National Bureau of Economic Research, 2011.

Kale J. R. , Reis E. , Venkateswaran A. , "Rank - Order Tournaments and Incentive Alignment: The Effect on Firm Performance", Journal of Finance, Vol. 64, No. 3, 2009.

Kirzner I. , Competition and Entrepreneurship, Chicago: University of Chicago Press, 1973.

Kleinknecht A. , Naastepad C. W. , "The Netherlands: Failure of a neo - classical policy agenda", European Planning Studies, Vol. 13, No. 8, 2005.

Klette T. J. , "Market Power, Scale Economies and Productivity: Estimates From a Panel of Establishment Data", Journal of Industrial Economics, Vol. 47, No. 4, 2003.

Knight F. , "Risk, Uncertainty and Profit", Social Science Electronic Publishing, (4), 1921.

Kumbhakar S. C. , Parmeter C. F. , "The effects of match uncertainty and bargaining on labor market outcomes: evidence from firm and worker specific estimates", Journal of Productivity Analysis, Vol. 31, No. 1, 2009.

Lancaster K. , "Change and Innovation in the Technology of Consumption", The American Economic Review, Vol. 56, No. 2, 1966.

Landeau S. S. , Contreras D. , "Chilean Labor Market Efficiency: An Earning Frontier Approach", Estudios De Economia, Vol. 30, No. 1, 2003.

Lang G. , "The difference between wages and wage potentials: Earnings disadvantages of immigrants in Germany", Journal of Economic Inequality, Vol. 3, No. 1, 2005.

Lau L. J. , Yotopoulos P. A. , "Profit, Supply, and Factor Demand Functions", American Journal of Agricultural Economics, Vol. 54, No. 1, 1972.

Lazear E. P. , Rosen S. , "Rank – Order Tournaments as Optimum Labor Contracts", Journal of Political Economy, Vol. 89, No. 5, 1979.

Lewbel A. , "Constructing Instruments for Regressions with Measurement Error when no Additional Data are Available, with an Application to Patents and R&D", Econometrica, Vol. 65, No. 5, 1997.

Lucas R. E. , "On the Mechanics of Economic Development", Journal of Monetary Economics, Vol. 22, No. 1, 1988.

Lucas R. E. , "Why Doesn't Capital Flow from Rich to Poor Countries?", The American Economic Review, Vol. 80, No. 2, 1990.

Magee S. P. , "Factor Market Distortions, Production, and Trade: A Survey", Oxford Economic Papers, New Series, Vol. 25, No. 1,

1973.

Mckelvie A. , Davidsson P. , "From Resource Base to Dynamic Capabilities: An Investigation of New Firms", British Journal of Management, Vol. 20, No. 1, 2009.

Meade J. E. , Trade and Welfare, Oxford: Oxford University Press, 1955.

Ming L. , Gao H. , "Labour market transition, income inequality and economic growth in China", International Labour Review, p. 101 – 126, 2011.

Moretti E. , "Workers' Education, Spillovers, and Productivity: Evidence from Plant – Level Production Functions", The American Economic Review, Vol. 94, No. 3, 2004.

Mortensen D. T. , "Markets with Search Friction and the DMP Model", The American Economic Review, Vol. 101, No. 4, 2011.

Mueser R. , "Identifying technical innovations", IEEE Transactions on Engineering Management, p. 158–176, 1985.

Nonaka I. , VonKrogh G. , Voelpel S. C. , "Organizational Knowledge Creation Theory: Evolutionary Paths and Future Advances", Organization Studies, Vol. 27, No. 8, 2006.

Olley G. S. , Pakes A. , "The Dynamics of Productivity in the Telecommunications Equipment Industry", Econometrica, Vol. 64, 1996.

Osterman P. , "An Empirical Study of Labor Market Segmentation", Industrial and Labor Relations Review, Vol. 28, No. 4, 1975.

Pager D. , Western B. , Bonikowski B. , "Discrimination in a Low – Wage Labor Market: A Field Experiment", American Sociological Review, Vol. 74, No. 5, 2009.

Pakes A. , Griliches Z. , "Patents and R&D at the firm level: A first report", Economics Letters, 1980.

Parrotta P. , Pozzoli D. , Pytlikova M. , "The Nexus between Labor Diversity and Firm's Innovation", Journal of Population Economics, Vol. 27, No. 2, 2014.

Polachek S. W., Xiang J., "The effects of incomplete employee wage information: A cross－country analysis", IZA Discussion Papers, 2005.

Ram R., "Role of Education in Production: A Slightly New Approach", The Quarterly Journal of Economics, Vol. 95, No. 2, 1980.

Reenen J., "The Creation and Capture of Rents: Wages and Innovation in a Panel of U. K. Companies", Quarterly Journal of Economics, Vol. 111, No. 1, 1996.

Restuccia D., Rogerson R., "Policy Distortions and Aggregate Productivity with Heterogeneous Plants", Review of Economic Dynamics, Vol. 11, No. 4, 2007.

Romer P. M., "Growth Based on Increasing Returns Due to Specialization", The American Economic Review, Vol. 77, No. 2, 1987.

Rosenthal S. S., Strange W. C., "Evidence on the Nature and Sources of Agglomeration Economies", Handbook of Regional and Urban Economics, p. 2119－2171, 2004.

Rostow W. W., The Stages of Economic Growth, New York: Cambridge University Press, 1960.

Ryzhenkov M., "Resource misallocation and manufacturing productivity: The case of Ukraine", Journal of Comparative Economics, Vol. 44, No. 1, 2016.

Sahota G. S., "Efficiency of Resource Allocation in Indian Agriculture", American Journal of Agricultural Economics, Vol. 50, No. 3, 1968.

Saintpaul G., "Employment Protection, International Specialization, and Innovation", European Economic Review, Vol. 46, No. 2, 2002.

Schmidt P. , "Frontier production functions", Econometric Reviews, Vol. 4, No. 2, 1985.

Schmookler J. , Inventions and Economic Growth, Cambridge: Harvard University Press, 1966.

Schultz T. W. , "The Value of the Ability to Deal with Disequilibria", Journal of Economic Literature, Vol. 13, No. 3, 1975.

Skoorka B. M. , "Measuring market distortion: international comparisons, policy and competitiveness", Applied Economics, Vol. 32, No. 3, 2000.

Sobel M. E. , "Direct and Indirect Effects in Linear Structural Equation Models ", Sociological Methods & Research, Vol. 16, No. 1, 1987.

Solow R. M. , "Technical Change And The Aggregate Production Function", The Review of Economics and Statistics, Vol. 39, No. 3, 1957.

Stolper W. F. , Samuelson P. A. , "Protection and Real Wages", The Review of Economic Studies, Vol. 9, No. 1, 1941.

Tang Y. , Li J. , Yang H. , "What I See, What I Do How Executive Hubris Affects Firm Innovation", Journal of Management, Vol. 41, No. 6, 2015.

Wachsen E. , Blind K. , "More labour market flexibility for more innovation? Evidence from employer-employee linked micro data", Research policy, Vol. 45, No. 5, 2016.

Wang J. , Wailes E. J. , Cramer G. L. , "A Shadow-Price Frontier Measurement of Profit Efficiency in Chinese Agriculture", American Journal of Agricultural Economics, Vol. 78, No. 1, 1996.

Welch F. , "Education in Production", Journal of Political Economy, Vol. 78, No. 1, 1970.

Whalley J. , Zhang S. , "A numerical simulation analysis of (Hukou）labour mobility restrictions in China"，Journal of Development Economics，Vol. 83，No. 2，2007.

Wright P. M.，Mcmahan G. C.，Mcwilliams A.，"Human resources and sustained competitive advantage：a resource−based perspective"，International Journal of Human Resource Management，Vol. 5，No. 2，1994.

Wu G. L.，"Capital misallocation in China：Financial frictions or policy distortions?"，Journal of Development Economics，p. 203 − 223，2018.

Xu M.，Kong G.，Kong D.，"Does wage justice hamper creativity? Pay gap and firm innovation in China"，China Economic Review，p. 186−202，2017.

Young A.，"The Razor's Edge：Distortions and Incremental Reform in the People's Republic of China"，Quarterly Journal of Economics，Vol. 115，No. 4，2000.

Zweimuller J.，Brunner J. K.，"Innovation and Growth with Rich and Poor Consumers"，Metroeconomica，Vol. 56，No. 2，2005.

附　　表

附表 1　　劳动力工资扭曲对企业创新影响的基准回归结果：

企业劳动报酬调整前的工资扭曲

	（1） 新产品产值 FE	（2） 新产品比重 FE	（3） 是否有新产品 XTProbit
WDistortion	−0.0547 ***	−0.0139 ***	−0.3270 ***
	（0.0066）	（0.0024）	（0.0092）
Scale	0.2674 ***	0.0638 ***	0.4159 ***
	（0.0063）	（0.0023）	（0.0053）
Age	0.0012 **	0.0006 ***	0.0128 ***
	（0.0006）	（0.0002）	（0.0005）
Export	0.5921 ***	0.2093 ***	0.4435 ***
	（0.0156）	（0.0056）	（0.0147）
Profit	−0.5254 ***	−0.1267 ***	0.08/2
	（0.0483）	（0.0174）	（0.0625）
Leverage	−0.0470 ***	−0.0217 ***	−0.1314 ***
	（0.0164）	（0.0059）	（0.0207）
Liquidity	−0.0759 ***	−0.0255 ***	−0.0331 *
	（0.0138）	（0.0049）	（0.0185）
Subsidy	0.1114 ***	0.0364 ***	0.1900 ***
	（0.0047）	（0.0017）	（0.0057）
Productivity	0.1313 ***	0.0230 ***	0.4833 ***
	（0.0069）	（0.0025）	（0.0087）

续表

	（1） 新产品产值 FE	（2） 新产品比重 FE	（3） 是否有新产品 XTProbit
$Innovation_{ind}$	-0.0099 ***	-0.0027 ***	0.0121 ***
	（0.0006）	（0.0002）	（0.0006）
$AverageW$	0.0225 ***	0.0053 ***	-0.0411 ***
	（0.0055）	（0.0020）	（0.0021）
$PerGDP$	0.4478 ***	0.1452 ***	-0.1107 ***
	（0.0125）	（0.0045）	（0.0124）
$Provcd$	控制	控制	控制
Ind	控制	控制	控制
$Constant$	-6.9481 ***	-2.0795 ***	-6.0205 ***
	（0.7954）	（0.2862）	（0.1189）
F	576.5500	391.3223	
R^2	0.0118	0.0081	
N	1071164	1071164	1072861

注：①括号内为稳健标准误。②＊、＊＊、＊＊＊分别表示10%、5%、1%的显著性水平。

附表2　　工具变量估计结果：企业劳动报酬调整前的工资扭曲

	（1） 新产品产值 FE	（2） 工资扭曲 一阶段	（3） 新产品产值 IV	（4） 新产品产值 FE_ 行业聚类	（5） 新产品产值 FE_ 地区聚类
$WDistortion$	-0.0532 ***		-0.0334 ***	-0.0532 ***	-0.0532 ***
	（0.0066）		（0.0119）	（0.0036）	（0.0127）
$LewbelIV$		0.2343 ***			
		（0.0004）			
$Scale$	0.2714 ***	0.0512 ***	0.2702 ***	0.2714 ***	0.2714 ***
	（0.0063）	（0.0010）	（0.0063）	（0.0210）	（0.0184）
Age	0.0002	-0.0004 ***	0.0002	0.0002	0.0002
	（0.0006）	（0.0000）	（0.0006）	（0.0008）	（0.0011）
$Export$	0.5783 ***	-0.0251 ***	0.5790 ***	0.5783 ***	0.5783 ***
	（0.0156）	（0.0024）	（0.0156）	（0.0162）	（0.0654）

续表

	（1）新产品产值 FE	（2）工资扭曲一阶段	（3）新产品产值 IV	（4）新产品产值 FE_ 行业聚类	（5）新产品产值 FE_ 地区聚类
$Profit$	−0.4523***	−0.1785***	−0.4448***	−0.4523***	−0.4523***
	（0.0483）	（0.0074）	（0.0485）	（0.0457）	（0.0932）
$Leverage$	−0.0554***	−0.0232***	−0.0548***	−0.0554***	−0.0554*
	（0.0164）	（0.0025）	（0.0164）	（0.0072）	（0.0295）
$Liquidity$	−0.0855***	−0.0192***	−0.0851***	−0.0855***	−0.0855***
	（0.0137）	（0.0021）	（0.0137）	（0.0073）	（0.0220）
$Subsidy$	0.1104***	−0.0071***	0.1106***	0.1104***	0.1104***
	（0.0047）	（0.0007）	（0.0047）	（0.0125）	（0.0098）
$Productivity$	0.1359***	0.5537***	0.1205***	0.1359***	0.1359***
	（0.0069）	（0.0008）	（0.0104）	（0.0056）	（0.0149）
$Innovation_{ind}$	−0.0097***	−0.0037***	−0.0096***	−0.0097***	−0.0097***
	（0.0006）	（0.0001）	（0.0006）	（0.0016）	（0.0017）
$AverageW$	0.0253***	0.0116***	0.0252***	0.0253***	0.0253***
	（0.0055）	（0.0008）	（0.0055）	（0.0069）	（0.0092）
$PerGDP$	−0.5064***	−0.4043***	−0.4956***	−0.5064***	−0.5064***
	（0.0315）	（0.0048）	（0.0319）	（0.0463）	（0.1028）
$Edustruc$	0.0552***	0.0052***	0.0551***	0.0552***	0.0552***
	（0.0019）	（0.0003）	（0.0019）	（0.0033）	（0.0100）
$MinimumW$	0.9176***	−0.0981***	0.9200***	0.9176***	0.9176***
	（0.0374）	（0.0057）	（0.0374）	（0.0222）	（0.1248）
$Provcd$	控制	控制	控制	控制	控制
Ind	控制	控制	控制	控制	控制
$Constant$	−3.7730***	3.4311***	−3.8588***	−3.7730***	−3.7730***
	（0.7985）	（0.1221）	（0.7996）	（1.1287）	（1.2869）
F	603.3293	103539.47		982.1688	22.6576
R^2	0.0141	0.7340		0.0141	0.0141
N	1071001	1071001	1071001	1071001	1071001

注：①括号内为稳健标准误。②*、**、***分别表示10%、5%、1%的显著性水平。

附表3　总体中介效应回归结果：企业劳动报酬调整前的工资扭曲

	（1） 新产品 产值 FE	（2） 资本 收益率 FE	（3） 职工 培训费 FE	（4） 消费 需求 FE	（5） 新产品 产值 FE	（6） 新产品 产值 IV
WDistortion	−0.0532***	0.2135***	−0.3229***	−0.0754***	−0.0201***	−0.0143
	（0.0066）	（0.0013）	（0.0038）	（0.0013）	（0.0072）	（0.0132）
RC					−0.0704***	−0.0714***
					（0.0066）	（0.0069）
Trainingexpense					0.0189***	0.0191***
					（0.0023）	（0.0024）
Demand					0.1149***	0.1152***
					（0.0067）	（0.0067）
Controls	控 制	控 制	控 制	控 制	控 制	控 制
Constant	−3.7730***	1.1939***	3.6030***	−9.4028***	−2.6720***	−2.6926***
	（0.7985）	（0.1562）	（0.4427）	（0.1578）	（0.8194）	（0.8203）
F	603	28925	1258	42943	526	
R²	0.0141	0.4072	0.0314	0.5056	0.0159	
N	1071001	1072698	932294	1070545	929207	929207

注：①括号内为稳健标准误。②*、**、*** 分别表示10%、5%、1%的显著性水平。③控制变量与附表2相同。

附表4　　　　不同所有制类型的回归结果：企业劳动
报酬调整前的工资扭曲

	（1） 国有企业	（2） 民营企业	（3） 外资企业
WDistortion	−0.0118	−0.0428***	−0.0120
	（0.0341）	（0.0149）	（0.0306）
Controls	控 制	控 制	控 制
Constant	1.8966	−3.3289***	25.7257*
	（8.1377）	（0.9719）	（15.2924）
N	156203	768666	136564

注：①括号内为稳健标准误。②*、**、*** 分别表示10%、5%、1%的显著性水平。③控制变量 Controls 与附表2相同。

附表 5　　　　　　　不同要素密集型行业的回归结果：企业
劳动报酬调整前的工资扭曲

	（1）	（2）	（3）
	劳动密集型行业	资本密集型行业	技术密集型行业
WDistortion	−0.0863***	−0.0153	−0.0552*
	（0.0174）	（0.0230）	（0.0304）
Controls	控制	控制	控制
Constant	−3.3340***	−4.2908***	−4.2048
	（1.0286）	（1.5790）	（4.1982）
N	465071	351320	254610

注：①括号内为稳健标准误。②＊、＊＊、＊＊＊分别表示 10%、5%、1%的显著性
水平。③控制变量 Controls 与附表 2 相同。